TABLEAU

DESCRIPTIF,

HISTORIQUE ET PITTORESQUE

DE LA VILLE,

DU CHATEAU ET DU PARC

DE VERSAILLES.

à Mme Declospiec

Prix de l'Ouvrage.....	3 francs	»
Et avec le Plan......	3	50 c.
Le Plan seul, collé sur toile.	1	»

Versailles, Imprimerie de VITRY.

PLAN DE LA VILLE ET DU CHATEAU DE VERSAILLES.

TABLEAU

DESCRIPTIF,

HISTORIQUE ET PITTORESQUE

DE LA VILLE,

DU CHATEAU ET DU PARC

DE VERSAILLES,

COMPRIS LES DEUX TRIANONS.

Par VAYSSE DE VILLIERS, ancien Inspecteur des Postes, Membre de diverses Académies, auteur de l'Itinéraire descriptif de la France et de l'Italie.

A VERSAILLES,

Chez ÉTIENNE, Libraire du Roi, rue Satory, n.° 9;

A PARIS,

Chez DELAUNAY, Lib.^e, Palais Royal, Galeries de Bois;
Et aux Bureaux des PARISIENNES et de l'ESPÉRANCE, tant
à Paris qu'à Versailles et à Sèvres.

1827.

APERÇU PRÉLIMINAIRE

DES DIVERSES ROUTES

DE PARIS A VERSAILLES,

AINSI QUE DU PLAN DE L'OUVRAGE.

La route ordinaire de Paris à Versailles, qui est à la fois et la plus intéressante et la plus fréquentée de France, se trouve décrite avec détail dans notre Itinéraire de Paris à Bordeaux, dont elle fait partie, et nous n'avons pas manqué d'y apprendre à nos lecteurs que, jusqu'à Sèvres, ils ont à choisir entre deux directions, l'une sur la rive droite, l'autre sur la rive gauche de la Seine.

Après les leur avoir fait connaître toutes deux avec le même soin, bien que la dernière, par Vaugirard et Issy, ne soit celle d'aucune voiture publique, mais seulement de quelques voitures bourgeoises du faubourg Saint-Germain, nous n'avons point parlé d'une deuxième ni d'une troisième routes, très-peu suivies, de Paris à Versailles, l'une par Meudon, l'autre par Saint-Cloud, ni d'une quatrième, encore moins fréquentée, connue sous le nom de *Haute route de Versailles*, par Montrouge et Châtillon.

Quelqu'agréable que nous ait paru la première et la principale de toutes, quelque animée qu'elle soit, par le grand nombre de maisons de plaisance et d'habitations champêtres, de bosquets et de parcs qui s'y montrent à droite et à gauche, tantôt alternativement, tantôt simultanément, ainsi que par le mouvement continuel des voitures de toute espèce qui s'y croisent et s'y succèdent à chaque instant; la seconde et la troisième, traversant des contrées tout aussi pittoresques et plus boisées, offrent un autre genre d'agrément, celui de la solitude, et cette solitude est celle des bois. Ce sont, d'un côté le parc et la forêt de Meudon (1), de l'autre

---

(1) La route ne traverse point ce bourg; elle le

plus longue. Je me suis demandé encore ce qui a pu lui faire cette réputation, en voyant que je n'ai employé qu'une heure et demie pour la parcourir, au train ordinaire de la poste, depuis la barrière d'Enfer à Paris, jusqu'à celle du Petit-Montreuil à Versailles. Je serais tenté de croire qu'on lui cherche des griefs pour motiver l'abandon où on la laisse, tandis que le véritable motif est sans doute le peu d'agrément qu'elle offre, comparativement aux autres. Elle joint, vers le milieu de la distance, celle de Choisy à Versailles, et les deux n'en font plus qu'une depuis l'embranchement jusqu'à cette ville.

Nous ne lui devons pas ici plus de détails qu'aux deux autres, mais quand bien même on voudrait en prolonger la description, on voit assez qu'elle ne fournit pas matière.

Destinant spécialement cette portion de notre ouvrage à la foule des curieux qui partent tous les jours de la capitale pour visiter Versailles, nous avons été obligés de nous conformer à la marche accélérée des voitures publiques, qui, dirigées toutes par Passy, le Point-du-Jour et Sèvres, les entraînent, avec la rapidité de l'éclair, vers le but de leur excursion, sans leur laisser le temps, ni de nous lire, ni de s'arrêter en route : celui qu'ils mettraient à parcourir nos pages, serait perdu pour tout ce qui réclame sans cesse leur attention, dans cet intéressant et court trajet. Ils ne doivent avoir des yeux que pour contempler un horizon dont les rians aspects fuient et varient à chaque instant, et non pour feuilleter des livres qui, quelque analogues qu'ils puissent être aux divers objets dont leurs regards sont frappés, nous paraissent plus propres à les distraire qu'à les aider dans leurs observations.

Qu'ils se contentent d'admirer en passant, avec le riche amphithéâtre qu'étalent, à leur droite, les jardins, les terrasses et les maisons de plaisance de Chaillot et de Passy, la perspective plus riche encore des côteaux verdoyans et variés de Meudon, Sèvres et Saint-Cloud, qui, déroulant en face leur long le parc de Saint-Cloud et les bois de Ville-d'Avray, village charmant, rempli de maisons de plaisance, dont la situation fraîche et ombragée forme le véritable charme, mais dont la description détaillée ne peut convenir qu'aux amateurs qui vont d'un lieu à l'autre, soit dans leur voiture particulière, soit à cheval, soit même à pied, véritable manière de visiter avec fruit les environs de Paris. Les bourgs et châteaux de Meudon et Saint-Cloud sont décrits dans notre Itinéraire déjà cité de Paris à Bordeaux, p. 81 et 90.

Ces deux routes, silencieuses comme les contrées bocagères qu'elles parcourent, depuis Meudon et S.t-Cloud jusqu'à Versailles,

---

longe à gauche, en gravissant une rampe longue et rapide, au haut de laquelle elle prend à droite la direction du nord, pour regagner bientôt après celle de l'ouest, par un angle aigu très-prononcé, qu'on fera disparaître quand on voudra, en traversant ou coupant l'extrémité saillante du parc de Meudon, qui donne lieu à ce coude.

sont entrecoupées de montées et descentes rapides, qui les rendent aussi difficiles que cette cause les rend solitaires.

Quant à la quatrième route, la plus roulante de toutes, comme la moins montueuse, elle est absolument dénuée d'intérêt; c'est une plaine monotone, peu fertile et continuelle, depuis la barrière d'Enfer à Paris, jusqu'aux bois qui précèdent d'un quart de lieue celle du Petit-Montreuil à Versailles.

Cette route ne traverse d'autre village que ceux de Montrouge et Châtillon dont nous avons déjà parlé (voyez route de Paris à Bordeaux pages 1 et 2). On se demande avec surprise pourquoi elle n'est pas aussi large dans la première lieue que dans le reste du trajet; on se demande aussi pourquoi elle est si peu fréquentée, quoique ce soit la plus directe de Paris à Versailles, pour toute la partie du faubourg Saint-Germain qui forme les quartiers du Luxembourg et de la Sorbonne, ainsi que pour tout le faubourg Saint-Jacques : on apprend qu'elle est réputée la fer-à-cheval, terminé vers le nord-ouest par le pittoresque Mont Calvaire, paraissent s'embellir à mesure qu'on approche. Qu'ils contemplent à la dérobée les points de vue que leur offrent le cours, les rives et les ponts de la Seine, l'Hôtel et le Dôme des Invalides, le bâtiment de l'École militaire, les bourgs de Sèvres et de Saint-Cloud, le parc et le château de ce dernier lieu, le bel édifice de la manufacture de porcelaine, dont ils longent la façade à gauche, vers le milieu de la grande rue de Sèvres, enfin les diverses maisons de campagne et les sites, souvent pittoresques, quelquefois romantiques, qui se succèdent sans discontinuer.

Ils pourront observer que jusqu'à Sèvres ils parcourent un plan à peu près horizontal, sauf la faible pente du fleuve (1) et que, depuis le pont de Sèvres jusqu'au château de Versailles, ils montent continuellement,

---

(1) En supposant l'inclinaison de la route parfaitement égale à celle de la Seine.

sauf deux très-petites descentes qui ne sauraient être sensibles que pour les chevaux de trait, ni remarquées que par leur conducteur. Ils ne seront sans doute pas fâchés d'apprendre ici que cette ascension, généralement très-douce, par fois imperceptible et par fois assez rapide, les a élevés de 142 mètres, dans l'espace de deux lieues.

Ils verront plus tard que le ruisseau qui coule presque inaperçu le long de la route, dans le fond d'une petite gorge, depuis Versailles où il prend sa source aux réservoirs de Gobert, jusqu'à Sèvres où il se jette dans la Seine, un peu au-dessus du pont, pourrait aisément devenir un canal de navigation, et remplacer par une rivière artificielle la rivière naturelle qui manque à Versailles.

Cette gorge, bordée de collines inégales et boisées, forme un vrai paysage, dont l'agréable effet n'est déparé que par le fréquent et triste aspect, tantôt des étendages de blanchisseuses, qui, couvrant des terrains entiers, ressemblent de loin à de grands tapis de neige, tantôt des carrières exploitées horizontalement, à travers le flanc des collines, qu'elles tendent à faire disparaître, à la longue, en comblant de leurs débris le vallon qui les sépare de la route. Ainsi un niveau général menace de succéder à la verdoyante et sinueuse variété des collines qui, dans ce trajet, offrent par fois la physionomie et la majesté des montagnes. Ainsi, au lieu des bois et des vergers, on ne verra plus que des flancs décharnés et des tas de pierre, si les extractions continuent avec la même activité, je dirai presque avec la même fureur.

Pendant que les démolisseurs de montagnes travaillent à faire disparaître le paysage qui règne de Sèvres à Versailles, les constructeurs de maisons travaillent à en faire disparaître la solitude, en convertissant ce frais et agreste intervalle en un long faubourg, et comme les bâtisses envahissent aussi la première moitié de la route, depuis Paris jusqu'à Sèvres, de manière à la convertir également en une espèce de faubourg, il sera un jour incertain si ce bourg est lui-même un faubourg de Paris ou de Versailles. Alors les Parisiens seront obligés de faire plusieurs lieues pour aller chercher la campagne, heureux que, parmi tant d'habitations nouvelles, se rencontrent quelques maisons de plaisance, quelques jardins anglais, quelques bosquets, qui remplacent du moins la vraie nature par une nature artificielle.

L'étranger ne manquera guère de trouver dans ses compagnons de voyage des indicateurs empressés à lui faire connaître les noms des lieux et des édifices qui captiveront ses regards, et s'il veut un jour les visiter aussi, il devra leur consacrer une excursion particulière, en se munissant de notre volume déjà cité. Aujourd'hui il ne doit s'occuper, nous ne l'occuperons nous-mêmes que de Versailles; et pour lui en donner une idée suffisante ce ne sera pas assez de toute une journée; il lui en faut au moins trois : la première pour la ville, la seconde pour le château, la troisième pour le parc.

C'est ainsi que nous diviserons cette description, sans supposer néanmoins que tous les curieux aient le temps ou la volonté de nous suivre dans cette triple promenade, ainsi que dans l'examen attentif et détaillé des divers objets que nous avons à faire passer sous leurs yeux. Nous supposons, au contraire, nous savons même que la plupart d'entre eux ne consacrent guère au voyage de Versailles qu'une seule journée, et le plus souvent incomplette ; c'est assez sans doute pour le simple et rapide coup d'œil dont ils se contentent ordinairement ; mais nous pensons que ceux-là même qui n'ont pas le temps de tout parcourir, doivent trouver encore leur compte à nous lire, soit avant, soit après cette excursion ; car si une lecture préliminaire ne peut que les aider à bien voir, une lecture postérieure, en les remettant, pour ainsi dire, en présence des objets, doit contribuer à les leur graver dans la mémoire, et peut-être aussi les décider à une seconde visite, pour observer avec plus de détails et démêler avec plus de soin ce qu'ils n'auraient vu qu'avec promptitude et confusion une première fois. Cette lecture est aussi destinée à leur faire connaître les objets qu'ils n'auraient pas le temps ou la facilité d'examiner par eux-mêmes ; que dis-je, à les leur faire voir pour ainsi dire en peinture, en attendant qu'ils puissent les contempler en réalité.

TABLEAU
DESCRIPTIF,
HISTORIQUE ET PITTORESQUE
DE LA VILLE,
DU CHÂTEAU ET DU PARC
DE VERSAILLES.

PREMIÈRE JOURNÉE.

VILLE DE VERSAILLES.

La plupart des cités et des châteaux s'annoncent par de longues avenues qui les offrent de loin aux regards curieux du voyageur. L'avenue de Versailles, au contraire, comme pour mieux ménager sa surprise, lui dérobe, pendant quelque temps, l'aspect de cette ville, en tournant deux fois à droite, l'une avant, l'autre après la barrière, d'où,

Avenue de Paris.

par conséquent, il n'en découvre pas encore la perspective.

Au premier de ces deux tournans, on laisse derrière soi, dans le nouvel alignement où l'on s'engage, l'avenue de Viroflay, village d'environ cent feux, et but fréquent de promenade pour les habitans de Versailles.

On a traversé, un quart de lieue avant cet embranchement, le hameau du petit Viroflay, à peu près aussi grand que le village, et longé à gauche, immédiatement avant ce hameau, un clos de prairies, où l'on n'aura pas vu sans surprise de nombreux troupeaux de lièvres errer paisiblement sur les gazons qui leur servent de pâture. Le mur qui entoure cette verdoyante enceinte la transforme pour eux en un véritable paradis terrestre, où ils vivent exempts des alarmes et des périls, sans cesse renaissans, qui assiègent leurs pareils dans l'état de liberté. Aussi ne les y voit-on pas, comme dans la campagne, précipiter leur course, ou se tapir à plat ventre, pour échapper aux divers ennemis de leur existence. Ils se promènent sans inquiétude, et se reposent de même, heureux que la perte d'une portion de leur liberté les fasse jouir sans trouble de ce qui leur en reste. Cette prairie dépend du haras de M. Rieussec, riche entrepreneur de fourrages, qui y tient un petit nombre d'étalons de pure race anglaise, nouvel objet de curiosité pour les amateurs.

Le paysage qui s'étend entre Viroflay et Versailles consiste presque uniquement en croupes revêtues de bois, et en prairies à surface ondée, ce qui lui donne un caractère encore plus agreste qu'auparavant, et tout-à-fait helvétique; j'en appelle aux personnes qui ont voyagé en Suisse, notamment dans le canton de Fribourg; j'en appelle surtout aux militaires de la garde suisse, en garnison à Versailles, qui ne s'y plaisent tant, que parce que ce pays leur retrace celui où ils ont pris naissance.

Le dernier alignement, qui ne commence, comme nous l'avons dit, qu'après la barrière, placée jadis à ce coude, et reculée depuis, afin d'augmenter les produits de l'octroi, se prolonge, pour la perspective, ainsi qu'on le voit en regardant derrière soi, à travers les bois touffus dont est entourée et dominée de tous côtés la ville de Louis XIV.

Il forme la véritable avenue du château,

qui traverse la ville de l'est à l'ouest, en la séparant en deux parties à peu près égales, savoir, le *quartier Saint-Louis* ou le *vieux-Versailles* à gauche, et le *quartier Notre-Dame*, ou la *ville neuve* à droite. Cette avenue offre, vers le milieu de sa longueur, un léger dos d'âne, qui, généralement peu remarqué, est assez sensible, néanmoins, pour que d'un côté on n'aperçoive pas les personnes placées à une certaine distance du côté opposé. On ne peut même bien voir le château qu'après que l'éminence est franchie. Jusque-là on n'en distingue d'abord, malgré celle sur laquelle il est placé lui-même, que les parties supérieures ; après quoi les divers étages se découvrent successivement jusqu'au rez-de-chaussée, comme se montrent, dans le lointain, les vaisseaux en mer, d'abord par le haut des mâts, ensuite par les voiles, enfin par le pont et le corps du bâtiment. Il eût été si facile, dans le principe, de faire disparaître cette élévation, qu'on ne peut l'expliquer autrement que par le motif, déjà présumé, de ménager davantage au voyageur le plaisir de la surprise, en piquant plus long-temps sa curiosité. Quant à nous qui désirons la satisfaire en tous points, nous avons éprouvé un véritable déplaisir, tant pour lui que pour nous-mêmes, en voyant une légère inégalité de terrein couper ainsi la perspective du château, qu'on aimerait, qu'on s'attendrait même à découvrir entièrement, du point où l'avenue commence à s'aligner.

On longe à droite, vis-à-vis du coude qu'elle décrit, un mur de clôture qui enferme un vaste parc, et fait soupçonner une habitation d'un ordre supérieur. C'était jadis la maison de plaisance de Madame Élisabeth, que sa naissance royale et sa vertu céleste conduisirent sur l'échafaud où fumait encore le sang de son vertueux frère.

Les terrasses dont on cotoye les murs, du même côté, peu de temps après, laissent entrevoir quelques portions de jardin et de bosquets qui font regretter celles qu'on ne voit pas. L'hôtel attenant, qu'on longe ensuite, fut long-temps habité par madame du Barry, la dernière maîtresse de Louis XV, et la seule femme qui ait péri sans courage sur l'échafaud de la révolution. Cet hôtel, consacré jadis aux écuries de Monsieur, comte de Provence, depuis Louis XVIII, est aujourd'hui celui d'une compagnie de Gardes du Corps.

Sur le plateau qui règne derrière, sont deux bassins connus sous le nom de réservoirs de Montbauron; ils reçoivent leurs eaux de ceux de Gobert, que nous verrons dans l'autre quartier de la ville, et les transmettent au Château-d'Eau, qui fournit tous les bassins du parc. Les bords de ce double réservoir offrent une belle perspective de la ville, ainsi que des bois qui l'environnent.

Du côté opposé ou méridional de l'avenue, on vient de construire une maison d'arrêt dont l'architecture simple et sévère est analogue à sa destination. L'ancien hôtel des Menus-Plaisirs, qu'on voit ensuite, vis-à-vis de celui des Gardes du Corps, sert aujourd'hui de succursale à ce dernier. La salle qu'y fit construire Louis XVI, pour les états-généraux, est entièrement démolie.

En général, les façades de cette avenue, d'un côté comme de l'autre, offrent, avec beaucoup de disparate, peu de noblesse et point d'élégance : ce dernier genre de mérite est étranger à la grande avenue de Versailles, où tout est sérieux et presque austère (¹). La régularité ne commence qu'aux deux hôtels du Grand-Veneur et du Grand-Maître, situés l'un à droite, l'autre à gauche.

Le premier, avec les bâtimens accessoires et les cours qui en dépendent, porte le nom vulgaire de Chenil, parce que c'est là qu'étaient logés, outre le grand-veneur, qui occupait l'édifice principal, les gentilshommes de la vénerie, les piqueurs, les palefreniers et les chevaux de chasse, les valets de chiens et les chiens eux-mêmes. L'édifice principal est actuellement consacré aux tribunaux de première Instance et de Commerce. Les bâtimens secondaires ont conservé leur ancienne destination.

L'hôtel du Grand-Maître portait ce nom, parce que c'était l'habitation des grands-maîtres de la maison du Roi, dont le dernier a été le prince de Condé, ce vénérable général des émigrés, mort à Paris de nos

---

(1) Quelques crépis neufs, cependant, quelques façades rajeunies, même quelques constructions nouvelles, commencent à démentir la sévérité de cet article, qu'il faudra peut-être modifier ou supprimer tout-à-fait dans une autre édition.

jours. Cédé par Louis XVI, en 1788, à la ville, pour y établir la municipalité, l'hôtel du Grand-Maître, désigné toujours sous ce nom par les auteurs, n'est autre chose aujourd'hui que l'hôtel de ville de Versailles. La seule pièce à voir dans l'intérieur est une galerie ou salle, comme on voudra l'appeler, qui sert aux séances publiques. Trop courte pour une galerie, trop étroite pour une salle, elle est décorée de cinq tableaux de perspective, représentant autant de maisons royales, dont la plupart sont détruites aujourd'hui, et d'une assez bonne copie de l'excellent portrait de Louis XVIII, par M. Gérard.

On regrette que ces deux édifices, bâtis uniformément, n'aient pas été placés sur l'avenue même, vis-à-vis l'un de l'autre; au lieu d'être tournés tous les deux vers l'est, dans l'intérieur d'un enclos, où ils étaient à peine remarqués des passans, avant l'ouverture de l'avenue de Berry, et la continuation de la rue Saint-Pierre, qui les ont mis en évidence.

On s'étonne de les compter aujourd'hui au nombre des hôtels les plus apparens de la ville, quoiqu'ils n'offrent, bien examinés, aucun véritable ornement d'architecture, ni aucun autre mérite particulier que leur comble à l'italienne (1).

Les longs et monotones bâtimens qui bordent des deux côtés et terminent cette avenue,

---

(1) Qu'il nous soit permis d'observer que la haute et large terrasse dont on a voulu embellir, en dernier lieu, la façade de l'hôtel de ville, dépare au contraire cet édifice, en le dérobant tout-à-fait aux yeux des personnes qui suivent le trottoir établi le long du mur de soutenement, lequel ressemble, par sa trop grande élévation, à un rempart de citadelle. Pour éviter, avec cette ressemblance, également opposée aux règles du bon goût et aux intentions présumables de l'architecte, le défaut de perspective qui en résulte, il eût suffi de faire deux terrasses étagées l'une sur l'autre, ce qui aurait coupé en deux la longue rampe ouverte dans le milieu. Le mur qui borde le trottoir, réduit à la hauteur convenable, et couronné par la même balustrade qu'on y voit aujourd'hui, eût laissé la façade parfaitement à découvert, pendant que la double terrasse eût présenté un agréable amphithéâtre, et la double rampe un repos non moins agréable pour les personnes qui n'aiment pas à monter, tout d'une haleine, un grand nombre de marches.

vers la place d'Armes, sont les ailes en arrière des grandes et petites écuries du Roi, dont les façades donnent sur la place, vis-à-vis du château.

Mais nous ne songeons peut-être pas assez, en décrivant l'avenue de Paris qui nous conduit à cette célèbre maison royale, que nous l'avons en perspective depuis long-temps, et que l'impatience des voyageurs, arrivés pour la visiter, peut distraire leur attention des détails obligés dans lesquels nous entrons, suivant notre usage, sur tout ce qui s'offre à nos regards, soit à droite soit à gauche. Nous croyons néanmoins devoir tenir encore en suspens leur curiosité, afin de mieux la satisfaire, en terminant la description de la ville, avant d'entreprendre celle du château et du parc, ordre successif qui doit ménager au lecteur cette progression croissante d'intérêt, observée constamment dans toutes nos descriptions; et comme nous consacrons à celle-ci trois chapitres séparés, il peut, s'il est pressé de jouir, en intervertir l'ordre à sa guise.

Nous ne quitterons pas cette avenue, composée de quatre rangs d'ormes formant trois allées, sans lui donner un dernier coup-d'œil. Tous les auteurs en ont proclamé, nous en avons proclamé nous-mêmes la magnificence, dans notre volume des routes de Paris à Bordeaux. Il est pourtant vrai de dire qu'elle n'est magnifique que de sa largeur, tellement mesurée sur la longueur de la façade du vieux château de Louis XIII, que lorsqu'on parcourt l'allée du milieu, qui consiste en un pavé et deux larges accotemens, faisant ensemble 25 toises, on découvre en plein tout le développement de cette façade, en même temps que, des deux allées de côté, larges de 10 toises chacune, l'œil n'embrasse que la colonnade corinthienne dont se composent les deux portiques avancés des ailes latérales, construites, l'une sous Louis XV et Louis XVI, l'autre sous Louis XVIII.

Pour produire cet heureux effet, il n'a pas fallu moins que la largeur extraordinaire de la grande avenue ; toutefois cette prodigieuse largeur, formant un total de 45 toises, qui exigerait une longueur également prodigieuse, nous paraît, sous ce rapport, excéder les proportions convenables, deuxième défaut de cette avenue, dont le premier est le dos-d'âne que nous avons déjà vu en couper la perspective. Nous avons vu aussi qu'elle n'est bordée que d'édifices ordinaires et dépourvus de régularité; enfin, les arbres antiques qui, jadis, contribuaient du moins à lui donner de la majesté, ont fait place à des arbres inégaux et rabougris, qui la déparent actuellement, au lieu de l'embellir.

Telle est, avec toutes ses beautés et tous ses défauts, la grande avenue du château de Versailles; beautés partout justement prônées, défauts tout-à-fait inaperçus jusqu'ici, ou du moins passés sous silence par les auteurs qui nous ont précédés.

Les deux avenues de Sceaux et de Saint-Cloud, qui viennent obliquement, l'une à droite, l'autre à gauche, aboutir, avec celle de Paris, à la place d'Armes, n'ont ni les mêmes beautés, ni les mêmes défauts. Loin de présenter avec avantage la façade du château, elles n'en offrent, au contraire, que de fausses perspectives; mais, étant bien moins larges que celle de Paris, elles se trouvent en proportion avec leur longueur. En outre, les maisons qui les bordent sont plus agréables, les ormes qui les ombragent, plus grands et plus touffus.

On peut dire seulement de l'une d'elles, celle de Sceaux, que ce n'est pas une avenue, puisqu'elle ne conduit ni à Sceaux, ni nulle part ailleurs qu'à une fontaine et un abreuvoir, où les voyageurs, arrêtés par un parapet qui les garantit de se jeter dans l'eau, demeurent incertains s'ils doivent tourner à droite ou à gauche, en voyant, de chaque côté, des rues dont la direction forme équerre avec celle qu'ils ont suivie jusque-là. Il est bon de les prévenir que, s'ils veulent aller à Sceaux, c'est la dernière rue à gauche qu'ils ont à prendre, en tournant tout-à-fait à angle droit, pour aller gagner celle des Chantiers, qui, s'embranchant à l'avenue de Paris, non loin de l'hôtel de ville, forme réellement l'avenue de la route de Sceaux, ou plutôt de Choisy, car c'est là qu'elle mène directement, comme on peut en juger à la simple inspection de la carte des environs de Paris. Elle n'arrive à Sceaux que par un petit embranchement de communication, négligé sur cette même carte, et inaperçu du voyageur. Au surplus, l'avenue qui conduit à l'abreuvoir

Avenue de Sceaux.

n'est considérée que comme une promenade.

Cet abreuvoir est un bassin rond, construit en pierres de taille, l'an 1810, par les *édiles* de la ville de Versailles, comme nous l'apprend, en grosses lettres et en beau latin, l'inscription qu'on lit sur une plaque de marbre noir, incrustée dans le mur qui s'élève, par derrière, en fer à cheval.

Avenue de S.t-Cloud.

L'avenue de Saint-Cloud, la plus fréquentée, la plus animée et la plus belle des trois, est la seule qui nous paraisse exempte de critique. Moins longue que celle de Paris, moins courte que celle de Sceaux, elle aboutit à un carrefour, où elle tourne à gauche, pour prendre, sous le nom d'avenue de Picardie, la direction de Saint-Cloud, en laissant à droite la petite route de Paris, par Montreuil, qui se réunit avec la grande, peu après ce lieu, et fait gagner quelques minutes aux personnes intéressées à partir ou arriver par cette avenue.

Elle offre à nos regards deux principaux bâtimens ; l'un, du côté du midi, présente une façade agréable, quoique d'un style capricieux ; c'est un ancien gymnase. L'autre, du côté opposé, ne borde l'avenue que d'un simple mur, ouvert dans le milieu par un portique : c'est le collége royal de Versailles, construit en 1766, pour une communauté de chanoinesses Augustines, par les bienfaits de la reine Marie Leczinska, femme de Louis XV et fille de Stanislas, roi de Pologne. On ne peut se procurer la vue de l'édifice qu'en s'introduisant dans la vaste cour au fond de laquelle se dérobait aux regards profanes cette maison de vierges.

Au travers de la grille on distingue la jolie chapelle construite par la munificence de la même reine, sur les dessins de M. Mique. C'est, en miniature, un vrai chef-d'œuvre de goût; c'est aussi une idée vraiment heureuse de l'avoir placée en face de la grille d'entrée, pour que, si l'éloignement dérobe la vue de la maison, il ne dérobe pas de même l'aspect d'un aussi précieux monument d'architecture. Il se présente par un joli portique de quatre colonnes cannelées, d'ordre ionien, supportant un fronton triangulaire, dont le tympan renferme un bas-relief qu'on dit représenter la Foi, l'Espérance et la Charité. Si ces trois figures allégoriques, dont l'une tient une gerbe de blé, une autre deux enfans à la mamelle, et dont la troisième semble implorer le ciel, sont véritablement celles des trois vertus théologales désignées par tous les auteurs, l'artiste aurait bien dû lever nos doutes en mettant leurs noms au bas; car il est difficile de les reconnaître à de pareils attributs. Un autre bas-relief qu'on voit dans le vestibule, au-dessus de la porte d'entrée, paraît être la présentation d'une pensionnaire, à la fondatrice, par l'abbesse du couvent.

Cette église forme, à l'extérieur comme à l'intérieur, une croix grecque des plus élégantes; la coupole est soutenue par 26 colonnes ioniques comme celles du vestibule, et le pourtour enrichi de 20 bas-reliefs, assez bien exécutés par Boccardi; ils représentent l'histoire de la Vierge. Le tout est en pierre blanche, que malheureusement on a badigeonnée. L'Assomption peinte au plafond de la coupole, est de Briard, et les pendentifs, de Lagrénée le jeune. On admire la délicatesse et la décroissance graduée des rosaces qui décorent cette coupole. La maison renferme un cabinet d'histoire naturelle et de physique assez bien tenu. Ce collége est un des plus beaux de France.

Un peu plus loin, presqu'au bout de l'avenue, on remarque à gauche la large et solitaire rue de Provence, qui, bordée aujourd'hui d'habitations champêtres, servait jadis d'avenue au château de Clagny. Bâti par Louis XIV pour madame de Montespan, il a été vendu par Louis XV pour être démoli; ce qui a été si complètement exécuté, que non-seulement il n'en reste plus pierre sur pierre, mais qu'on n'en reconnaît pas même l'emplacement, et je l'aurais ignoré tout-à-fait moi-même sans le secours d'un indicateur, contemporain de cette démolition. Nous verrons ailleurs qu'on porte à plus de quatre millions, valeur d'aujourd'hui, les dépenses de ce second château de Versailles, qui avait aussi sa magnificence. Il était renfermé dans le clos dont la grille ouverte au bout de cette rue forme l'entrée. Ce clos faisait partie du parc, aussi bien que tous les jardins et toutes les maisons qui bordent, tant les deux côtés de la rue que le côté septentrional de l'avenue de Saint-Cloud, où se prolonge une enfilade de belles façades en pierre de taille, construites avec les démolitions du château, ainsi que le collège.

Montreuil. Montreuil, où nous a conduits cette avenue, est un ancien village, devenu, depuis que la ville l'a enclavé dans ses barrières, un faubourg de Versailles. On y remarque une belle église paroissiale, bâtie en 1770, dans le goût simple et pur des anciens, sur les dessins de M. Trouard. Un portique de huit colonnes toscanes, dont quatre détachées et quatre engagées dans le mur, en forment le frontispice; vingt colonnes doriques et cannelées en soutiennent la nef. Dans la chapelle à gauche en entrant, on voit un monument érigé à madame Trial de Monthion, morte depuis peu, et enterrée dans le cimetière de cette paroisse. Elle est représentée couchée dans un tombeau, se soulevant à la vue d'un ange qui lui apparaît et lui présente une couronne. Ces deux figures, d'une exécution médiocre, sont en marbre blanc; mais ce qui nous a paru plus médiocre encore, est l'inscription qu'on lit au bas, et qui fait révoquer en doute la vertu de la défunte:

Dieu, dans sa clémence infinie,
A pour jamais réglé son sort;
Sans chercher quelle fut sa vie,
Songe à l'inexorable mort;
Et pour elle et pour toi, mortel, arrête et prie (1).

Les trois avenues que nous venons de décrire sont trois véritables promenades, qui ressemblent tout-à-fait à nos boulevards de Paris ; il ne leur en manque que le nom, qui a été réservé pour trois autres promenades du même genre : le boulevard du Roi, le boulevard de la Reine, et le boulevard Saint-Antoine.

Tous trois sont plantés, comme les avenues, de quatre rangées d'arbres. Le premier fait suite et ajoute une beauté de plus à la belle rue des Réservoirs, dont nous parlerons plus bas.

Boulevards.

Le second frappe tous les étrangers par le long et magnifique alignement de sa double allée d'ormes taillés en berceau. C'est une des plus belles promenades de ce genre que je connaisse en France.

---

(1) Mme Trial était une ancienne actrice qui avait épousé un M. de Monthion.

Ce boulevard est bordé de bâtimens neufs, dont le plus remarquable est l'hospice royal, civil et militaire, situé au coin de la rue du Plessis. C'était jadis une de ces léproseries que la sagesse de nos ancêtres avait placées dans l'isolement, pour extirper de nos climats, en lui ôtant toute communication, le fléau de la lèpre, triste conquête des croisés dans l'Orient (1).

Après l'extinction de ce fléau, l'infirmerie continua de subsister comme maison de charité. Louis XV la fit reconstruire, en l'érigeant en hospice royal, hospice agrandi sous Louis XVI, d'après les plans d'Arnaudin, et continué sous Louis XVIII, par M. Guignet, son architecte. Il est réservé à Charles X de le faire achever. On en remarque la chapelle, qui s'élève en coupole du milieu de la façade principale, et ressort noblement en fronton grec, soutenu par quatre colonnes d'ordre dorique. Une colonnade circulaire du même

_____

(1) Cette précaution eut un plein succès, dont nous profitons aujourd'hui, sans y songer, et presque sans nous en douter.

ordre, soutient intérieurement une large tribune, circulaire comme elle, et destinée pour les malades. Le dôme est couvert en cuivre, ce qui ajoute également à sa beauté et à celle de l'hospice dont il occupe le centre. Le goût le plus pur règne dans l'ordonnance et l'architecture, tant de cette chapelle que de tout l'édifice, qui, une fois terminé, sera le plus beau de Versailles après le château, et l'un des plus beaux hospices de France.

Le troisième boulevard, celui de Saint-Antoine, qui fait suite à celui du Roi, et forme l'avenue de Saint-Germain, présente, en s'abaissant vers son milieu, un heureux effet d'optique, qui, joint à la nature des lieux, lui donne un ton des plus solitaires. Je l'ai parcouru deux fois, sans y rencontrer aucun être vivant, si ce n'est un chien qui, sorti d'une des maisons du hameau Saint-Antoine, situé tout-à-fait au bout, me poursuivit assez loin pour me prouver qu'il n'était pas habitué aux passans, et qu'il regardait le terrein que je parcourais comme une dépendance de la maison dont la garde lui était confiée. Depuis la ville jusqu'à ce hameau, je n'ai longé que des murs de jardins à gauche, et des champs, à droite, avec une seule mais assez jolie maison bourgeoise.

Si le boulevard du Roi n'offre, quoique bordé de quelques jolies maisons, aucun édifice à citer, la rue des Réservoirs, ouverte dans le même alignement, comme on l'a déjà dit, se distingue par un grand nombre de façades aussi nobles qu'élégantes. La première qui se présente est celle du théâtre de la ville, construit en 1777, par mademoiselle Montansier, sur les dessins de l'architecte Heurtier. Peu apparent extérieurement, il est d'une bonne coupe intérieure et d'une distribution des plus commodes. La façade de l'hôtel de la Préfecture (ancien garde-meuble de la couronne), qui suit immédiatement, a plus d'apparence, bien qu'il ne forme pas de même avant-corps et ne présente aucun ordre d'architecture. Le grand hôtel du Réservoir, communiquant au parc, et tenu dans le genre des meilleurs hôtels garnis de Paris, contribue encore, par sa façade, à la décoration de cette rue. Un peu plus loin, ressort avec majesté, de l'alignement général, la salle d'Opéra du château, terminant l'aile septentrionale de cet immense édifice. Enfin, au bout de la rue, toujours du même côté, s'avance avec grâce, également adossée au château, la jolie chapelle du Roi, dont nous parlerons, ainsi que de la salle de l'Opéra, en décrivant le château même.

Avec ses trois avenues et ses trois boulevards, la ville de Versailles pourrait se vanter d'être riche en promenades. Ces six promenades cependant, dont une seule suffirait à l'embellissement de tant d'autres villes, ne sont rien pour elle, auprès du parc, que nous décrirons en dernier, pour terminer et couronner en quelque sorte le tableau.

Les boulevards sont tous trois, comme l'avenue de Saint-Cloud, dans la partie septentrionale de la ville ou la Ville neuve, qui se trouve déjà, par cette raison, en grande partie décrite : le nom de *quartier Notre-Dame*, sous lequel elle est encore plus connue, lui vient de son église paroissiale.

Quartier N.-Dame.

Cette église, si elle n'est que la seconde de Versailles par sa grandeur et son architecture, en est la première par son origine, qui se confond avec celle du château. Louis XIV en posa la première pierre en 1684 ; elle fut terminée en 1686. On est surpris d'apprendre que Jules Hardouin-Mansard en a été l'architecte, d'après le mauvais goût du frontispice et surtout des deux campanilles qui en occupent les deux angles, sans s'élever à la hauteur du fronton qui couronne le milieu. Les règles de l'art et le goût veulent impérieusement que les tours dominent les édifices dont elles font partie, au lieu d'en être dominées ; mais n'oublions pas que cette singularité du portail de Notre-Dame est du célèbre Mansard, qui connaissait mieux que personne les lois de l'art et celles de la nature. A ce nom, la critique expire ; Mansard n'a pu pécher par ignorance ; il a eu, sans doute, des motifs puissans qu'il nous donnerait lui-même, s'il vivait encore : respectons-les sans les connaître, respectons les grands hommes jusque dans leurs erreurs apparentes ou réelles.

L'intérieur offre, dans un vaisseau de médiocre étendue, un style dorique assez agréable en pilastres cannelés. Le maître-autel est décoré de quatre colonnes corinthiennes en marbre de Rance, et d'un bon tableau représentant l'Assomption, par Michel Corneille. On remarque avec curiosité, au-dessus du chevet, les tableaux transparens qui tiennent lieu de vitraux ; ils sont analogues aux meilleurs de nos Rois, St.-Louis, Henri IV, Louis XVI et Louis XVIII.

Les amateurs admireront, aux deux bouts de la croisée, douze beaux médaillons de marbre, représentant des Apôtres et des Pères de l'Église. Ils sont de divers artistes. Le Christ et l'Assomption qui occupent les deux rétables, ne sont pas non plus sans mérite.

Dans la deuxième chapelle, à gauche en entrant, on voit un cénotaphe érigé par la piété filiale, à la mémoire de M. le comte de Vergennes, ancien ministre et ambassadeur sous Louis XVI, comme nous l'apprend une inscription gravée sur un socle de marbre noir, qui est au-dessous. Ce monument, exécuté en 1798, par le sculpteur Blaise, n'a été placé qu'en 1818; il consiste en un sarcophage de marbre portor, surmonté d'un génie qui pleure, en tenant un médaillon de marbre blanc, où l'artiste a représenté la figure du ministre. Le tout est exécuté en bas-relief et appuyé contre un obélisque, en marbre bleu-turquin, incrusté dans le mur.

En face de cette église, s'ouvre la rue Dauphine, la plus remarquable de la ville par l'élégance de ses boutiques. On y voit une ancienne chapelle, connue sous le nom modeste de Reposoir, parce qu'elle en servait aux processions de la fête-dieu. Après avoir perdu depuis long-temps sa première destination, ce petit édifice vient d'en recevoir une analogue, en devenant un temple de Protestans pour les nombreux Anglais qui habitent Versailles. Sa disposition intérieure, en colonnade circulaire, d'ordre ionique, vient d'être restaurée avec goût par M. Potdevin, jeune architecte d'une grande espérance. Ce petit temple est une agréable miniature, digne de l'attention des curieux.

La rue Dauphine croise, au milieu de la place du même nom, la rue de la Pompe, où sont les écuries de la Reine, aujourd'hui de Madame la Dauphine, et tout à côté, dans un ancien hôtel du maréchal de Noailles, le petit Séminaire, ainsi nommé parce que les élèves, qu'on y prend dès l'enfance, comme dans toutes les autres maisons d'éducation, sont spécialement destinés à la prêtrise : c'est assez dire que l'éducation y est plus religieuse qu'ailleurs. Si l'on ne savait que former de bons chrétiens, c'est former de bons sujets, on s'en convaincrait, en voyant l'air posé, sage et respectueux, je dirai presque vertueux de ces jeunes aspirans du sacerdoce, qui n'en portent cependant pas encore la robe; ils ne sont pas même plus liés que d'autres par leur éducation, ni obligés, après leurs classes terminées, de passer à celle de la théologie, si leur vocation les porte vers un autre état.

Cette maison est dirigée par son fondateur M. l'abbé Chauvel, ancien officier de dragons, aussi respectable ecclésiastique qu'il a été estimable militaire. S. A. R. madame la Dauphine lui a donné une preuve de son estime particulière, en lui confiant l'éducation de 50 enfans, dont elle paie la pension. Ils appartiennent tous à des familles distinguées par leur dévouement, et peu favorisées de la fortune.

De l'autre côté de la rue, presqu'en face de la caserne, on voit un des hôtels garnis les plus apparens de cette ville, avec un de ses établissemens de bains les plus propres et les plus commodes; c'est l'Hôtel des Bains.

Tels sont tous les édifices et bâtimens les

plus remarquables de cette moitié de Versailles, qui n'est pas plus neuve, malgré sa dénomination de *Ville Neuve*, que l'autre moitié, laquelle n'est elle-même appelée *vieux Versailles*, que parce qu'elle occupe la place de l'ancien village de ce nom. On a pourtant suivi un meilleur plan pour la Ville Neuve, dont les alignemens l'emportent généralement en largeur, et les constructions en beauté.

Ce quartier renferme, outre la place Dauphine, qui est la plus jolie de la ville, celle du marché Notre-Dame, qui en est la plus grande, après la place d'Armes. La première offre un octogone dont les quatre principaux côtés sont percés de deux larges rues; et la seconde, un vaste carré à angles coupés, dont les quatre côtés sont également percés de deux rues, aussi larges que droites, qui se croisent dans son milieu. Elle est encombrée de baraques de toutes formes, au milieu desquelles une tolérance condamnable a même laissé construire des maisons à un ou deux étages. Elle doit, dit-on, être déblayée de toutes ces bâtisses; mais c'est une réforme qu'on annonce depuis long-temps.

Une petite portion de ce quartier, tellement petite qu'elle échappe aisément à l'attention, et que nous ne l'avons découverte nous-mêmes que par hasard, renferme des rues sans largeur et une place sans étendue, mais non sans régularité (la Petite-Place), qui sortent évidemment du plan général adopté pour la ville de Versailles. Ce qui m'a frappé davantage, a été de découvrir ce quartier dans la plus belle partie de la ville neuve, entre le château, la place Dauphine et la place d'Armes (1).

Comme cette dernière occupe le devant et forme en quelque manière une dépendance du château, nous allons la traverser maintenant sans nous arrêter, pour y revenir et l'examiner plus tard, nous bornant cette fois à observer qu'elle sépare, dans cette partie,

---

(1) Mes informations m'ont appris que c'est l'ancien emplacement du jardin de l'hôtel de Choiseul, accordé en 1686 à l'intendant de la maison de Madame la Dauphine, à la charge d'y bâtir une place régulière, conforme aux alignemens et plans arrêtés par le marquis de Louvois, intendant des bâtimens de S. M.

ou réunit, comme on voudra, le quartier Notre-Dame et le quartier Saint-Louis. C'est ce dernier qui nous reste encore à décrire.

Quartier S.t-Louis. Aucun boulevard, aucune promenade n'embellit cette partie de Versailles, à l'exception de l'avenue de Sceaux qui la borde du côté du nord, et des bois de Satory qui l'entourent, en la dominant vers le sud. L'avenue de Sceaux, n'étant le chemin de nulle part, comme nous l'avons déjà vu, est presque aussi solitaire que les bois de Satory, et, comme eux, presque uniquement fréquentée par des militaires, en exceptant toutefois l'époque de la foire de St.-Louis, dont elle est le principal théâtre. Tous les petits spectacles forains y sont réunis, ainsi que tous les promeneurs, tant citadins qu'étrangers; le parc est alors déserté pour l'avenue de Sceaux, et, à Paris même, les Champs-Elysées se ressentent de la foire de Versailles. Elle reçoit beaucoup de mouvement de sa coïncidence avec la fête de St.-Louis, époque où l'on est prévenu que toutes les eaux du parc doivent jouer.

Pièce des Suisses. Au couchant de ce quartier, les bords de la pièce d'eau *des Suisses*, ainsi nommée parce qu'elle a été creusée par les Suisses de la garde de Louis XIV, forment encore une espèce de promenade, mais qui n'est guère fréquentée aussi que par les soldats. Ce beau bassin, dont la jolie forme cintrée, comme un miroir de toilette, fait tant d'effet sur les plans, ressemble, au milieu de la prairie et des bois qui l'entourent, à un simple étang ou à un petit lac de forme ovale; parce que ses contours si gracieux, si bien dessinés dans les gravures, ne sont plus marqués, comme ils l'étaient jadis, et comme l'indiquent encore ces mêmes gravures, par des tablettes en pierre de taille.

Des talus de terre et des gazons forment aujourd'hui l'unique bordure de la pièce des Suisses; toutefois comme simple étang, cette pièce d'eau, qui semble l'ouvrage de la nature, produit un fort bon effet, en imprimant un ton sauvage et solitaire à l'espèce de paysage dont elle occupe le centre et fait le principal ornement. Son étendue est de 350 toises de long sur 120 de large.

Dans l'intervalle qui s'étend entre son extrémité méridionale et les bois touffus de Satory, dont le sombre amphithéâtre borne l'horizon de ce côté, s'élève isolément, sur un haut piédestal, une statue équestre. Étonné de voir en ce lieu un pareil monument, l'étranger ne l'est pas moins d'apprendre qu'il avait été destiné à représenter Louis XIV s'élançant du faîte de la gloire vers l'immortalité. Cette statue parut à la fois si peu ressemblante et si médiocrement exécutée, malgré quelques beaux détails, que le grand Roi n'y pouvant reconnaître ni son image ni son siècle, crut devoir lui interdire l'entrée de son parc, en ordonnant qu'on lui assignât une autre place et une autre destination. L'artiste, qui était le célèbre Cavalier Bernin, ne trouva rien de plus convenable que de métamorphoser son Louis XIV en *Marcus-Curtius*, ce célèbre romain qu'un amour ardent de la patrie fit précipiter à cheval dans un gouffre ouvert tout-à-coup au milieu du *Forum* de Rome, en l'an 393 de la fondation de cette ville (1), et la tête du héros monarque

---

(1) Ce rare dévouement eut pour objet de satisfaire à l'oracle, qui avait répondu que le gouffre ne se fermerait qu'autant que les Romains y auraient jeté ce qu'ils avaient de plus précieux; Marcus

devint celle du héros républicain, au moyen d'un casque antique appliqué sur la large perruque de Louis XIV. S'il n'a pu se reconnaître dans cette figure, Marcus Curtius ne s'y reconnaîtrait certainement pas davantage, et encore moins son cheval.

A côté et au levant de la pièce des Suisses, que la route de Brest sépare du parc, est le jardin potager et fruitier du château : il s'étend jusqu'à la rue Satory, dans le cœur de la ville. Sa véritable entrée est par la rue du Potager à laquelle il a donné son nom, et qui serait la moins remarquable de Versailles, si elle n'en renfermait la plus belle maison particulière, ouvrage de M. Potdevin, ce jeune architecte dont nous avons déjà eu occasion d'apprécier le goût et le talent à la chapelle du Reposoir (page 26). On ne doit chercher dans ce jardin, ni fraîcheur, ni ombrage, ni aucun autre genre d'agrément, que sa bonne tenue et sa belle distribution en un grand

---

Curtius eut le courageux orgueil de se croire désigné, et, s'il faut en croire les historiens, l'oracle fut accompli : le gouffre se ferma aussitôt.

nombre de carrés, formant comme autant de jardins séparés. De larges terrasses l'entourent, et l'un des carrés renferme des serres, comme nos jardins de botanique. Son étendue de 28 arpens, et non de 5o, comme le dit M. Dulaure, suffit pour en faire le plus grand jardin potager de l'Europe. La Quintinie en fut le fondateur, et Mansard le dessinateur.

Attenant à ce potager, du côté du midi, est le jardin anglais de l'hôtel Le Tellier. Il a eu pour créateur MONSIEUR, comte de Provence, depuis Louis XVIII, et pour propriétaire Mme de Balbi. Je n'ai jamais vu nulle part la nature aussi parfaitement imitée. C'est un paysage des plus variés. Un lac mystérieux et une rivière abondante s'y dérobent en partie sous les ombrages touffus d'arbres de toute espèce, la plupart exotiques, presque tous d'une hauteur prodigieuse et de la plus vigoureuse végétation. Çà et là se montrent des ponts rustiques, de petites îles, des pelouses fraîches, des prairies parsemées d'arbres fruitiers, et des chaumières qui semblent appartenir à la nature, je veux dire avoir été construites par les hommes de la nature, tels que des pâtres ou des laboureurs, plutôt que par des hommes de l'art : enfin, de tous côtés, le ton le plus agreste, le plus romantique, et par fois le plus sauvage.

L'objet principal et vraiment extraordinaire qu'offre ce jardin paysagiste est une montagne construite en énorme blocs de grès, entassés les uns sur les autres, sans ordre, sans ciment, et sans autre soutien que de nombreux liens de fer, qui échappent à la vue. La prodigieuse dimension de ces blocs les fait ressembler à autant de rochers empilés au hasard, comme ces monstrueux amoncèlement de la même nature qui hérissent plusieurs forêts des environs de Paris, notamment celle de Fontainebleau; (V. mon Itinéraire de la France, route de Paris à Lyon, page 103).

Si l'on croit voir dans le reste du parc un coin du pays de Vaux, ou de la Limagne d'Auvergne, on croirait voir ici un coin de la forêt de Fontainebleau. Ces blocs forment les parois et les voûtes d'une vaste grotte, ou plutôt d'une caverne, qui, accompagnée d'autres salles plus petites, en guise de cabinets, semble composer l'appartement complet d'un hermite, et tout cela de la même construction à la fois informe et grandiose, comme la nature même.

Le dessus de ces rochers, assez mal-à-propos baptisés *le rocher* puisqu'il y en a des milliers entièrement détachés entre eux, est revêtu de terre, d'arbres et de pelouse, de manière à former une véritable montagne. Au sommet domine, parmi ces touffes de verdure, un pavillon éclairé par des verres de couleur.

Nous n'entrerons pas dans de plus longs détails sur ce curieux jardin anglais, auquel on ne peut rien comparer, à Versailles, du moins en ce genre, pas même le bosquet d'Apollon qu'a voulu surpasser le fondateur, et qu'il a surpassé réellement pour le naturel des formes comme pour la grandeur des dimensions, sans l'avoir surpassé de même quant aux frais, sa montagne n'ayant coûté, dit-on, ni plus ni moins que le rocher d'Apollon, 1,500,000 francs.

Un des effets les plus extraordinaires du jardin que nous venons de décrire est d'être peu étendu et de paraître immense; mais ce qu'il y a de plus extraordinaire encore, est qu'il soit la propriété d'un simple particulier, et qu'aucun auteur n'en ait fait mention jusqu'à ce jour, si bien qu'il est à peine connu, et que nous ne l'avons découvert nous-mêmes qu'accidentellement.

Ce jardin, dépouillé, par les démolisseurs révolutionnaires, de la maison de plaisance dont il faisait l'ornement, fut acheté par M. Bouillac, acquéreur de l'hôtel Le Tellier, pour en empêcher la destruction et le restituer à son fondateur, lorsqu'il rentrerait en France. L'offre qu'il en a faite n'ayant point été acceptée, il l'a réuni, par une porte de communication, au jardin de son hôtel.

Bâti sous Louis XV, par M. Le Tellier, entrepreneur de l'église de Saint-Louis, avec ce qu'il appelait *les rognures* de cette église, l'hôtel Le Tellier forme, d'un côté, l'ornement de la rue Satory, faiblement embellie, du côté opposé, par le palais épiscopal, édifice aussi ordinaire pour sa destination actuelle, qu'il était remarquable, comme presbytère, avant la création de l'évêché de Versailles.

Il est attenant à l'église Saint-Louis, aujourd'hui la cathédrale, dont Louis XV posa la première pierre, en 1743. Le dernier des Mansard (Mansard de Sagonne) en fut l'architecte. Terminée en 1754, elle resta sans ornemens intérieurs. C'est ce qui peut avoir fait refuser à cet édifice, ainsi qu'à son architecte, le suffrage des hommes de l'art; mais, au lieu de la pierre de taille entièrement nue, supposons la coupole, la voûte et les pilastres ioniques qui la soutiennent, enrichis de peintures et de dorures, dès-lors la critique, n'en doutons point, resterait muette devant cette belle basilique, à laquelle on ne peut contester une sorte de grandiose dans ses dimensions et d'élégance dans la coupe de sa croix latine. On ne peut refuser non plus au frontispice, décoré de seize colonnes, dont six corinthiennes et dix doriques, un air de majesté et un ton d'architecture qui annoncent noblement la sainte destination du lieu. Les deux campanilles construits aux deux angles sont décorés de pilastres ioniques : ils ne dominent point le fronton, et, qui plus est, ils en sont dominés eux-mêmes, comme ceux que nous venons de voir au portail de Notre-Dame; mais l'architecte les a jetés en arrière, de telle sorte que, n'étant pas sur le premier plan, ils peuvent être considérés comme ne faisant point partie du frontispice.

Le clocher pyramidal qui s'élève sur la coupole, contribue à la beauté extérieure de cette église, malgré sa tête légèrement inclinée et sa forme un peu orientale, qui a quelque chose d'originale dans nos contrées.

La chapelle de la Vierge, construite en rotonde, derrière le chœur, touche immédiatement au rétable du maître-autel, au lieu d'en être séparée par le bas côté, qui devait, d'après les règles de l'art et d'après le plan de l'architecte, tourner autour du chœur, comme on le voit aux églises de Saint-Sulpice et de Saint-Roch, à Paris. Ce fut le directeur des économats, le marquis du Muy, qui, redoutant la dépense, exigea la suppression du bas côté, dans cette partie, et l'adossement immédiat de la chapelle contre le chevet. C'est donc à l'économe qu'on doit s'en prendre, et non à l'architecte qui n'a été que sa victime.

Le maître-autel de cette église, qui devrait en être le plus riche ornement, en est au contraire la partie la plus sacrifiée, tant par sa petitesse, hors de proportion avec la grandeur de l'édifice, que par sa trop modeste forme de tombeau, et son emplacement plus modeste encore entre deux piliers. La chaire, beaucoup trop modeste aussi, est d'une simplicité qui l'assimile à celle d'une église de village. L'orgue est estimé comme ouvrage du même facteur que celui de S.-Roch, à Paris.

Nous répéterons ici ce que nous avons déjà dit dans notre aperçu de Versailles (route de Paris à Bordeaux) : « des critiques minutieuses n'empêchent pas que cette église ne soit un bel édifice, dont les détails comme l'ensemble satisfont pleinement la vue, et des défauts qui échappent aux regards du public sont de bien petits défauts. »

Les nombreux tableaux qui la décoraient disparurent dès les premières années de la révolution, époque où elle servit de halle au blé. Plusieurs lui ont été rendus depuis, parmi lesquels on distingue, dans la chapelle de la Vierge, une superbe Résurrection du fils de la veuve de Naïm, par Jouvenet; une Apparition de J.-C., chargé de sa croix, à saint Pierre sortant de Rome, tableau de Sarlai, unique élève du célèbre Mignard, et une Présentation de la Vierge, par Colin de Vermont; enfin, aux deux bouts de la croisée, une Adoration des bergers, par Restout, et une Descente de croix, par Pierre. Le tableau représentant un Christ, qu'on voit sur le pilier en face de la chaire, est le coup d'essai de M. Schnetz, fils d'un des suisses du parc de Versailles, qui a tenu plus que ne promettait ce début, en se lançant depuis, à pas de géant, dans la carrière des David et des Gérard, par quatre tableaux qu'il a envoyés de Rome à l'exposition de Paris.

Une statue colossale de saint François de Sales, placée dans une des chapelles du pourtour du chœur, représente ce saint évêque dans ses prédications, et produit un effet peu avantageux, comme toutes les figures qui excèdent les proportions ordinaires, sans être à la distance convenable, témoins celles dont on a voulu décorer l'entrée de la chambre des députés.

On ne peut appliquer la même critique au monument du duc de Berry, qu'on voit également dans cette église, quoique les deux figures qui le composent soient de grandeur plus que naturelle. La chapelle où il est placé (la seconde à droite en entrant), a été réunie avec la suivante, pour donner plus de développement à la perspective. Ce beau groupe, exécuté en marbre blanc, par M. Pradier, sculpteur de Paris, représente la Religion tenant une croix de la main gauche et soutenant de la droite le Prince expirant. La face principale du piédestal est ornée de bas-reliefs, où la ville de Versailles est figurée par une femme à genoux, pleurant sur un tombeau. Le socle porte cette inscription : *A Charles Ferdinand d'Artois, duc de Berry, Versailles, sa ville natale, en pleurs.* Sur une des faces latérales du piédestal, on lit ces dernières et généreuses paroles du Prince : *Grâce, grâce pour l'homme!......* Autour de la chapelle sont gravés en lettres d'or, sur des tables de marbre noir, les noms des autorités qui ont fait ériger ce monument, voté par la ville, le 7 mars 1820, ainsi que des corps civils et militaires, des administrations et communes qui y ont contribué par leurs souscriptions volontaires. L'inauguration en a été faite le 12 février 1824. Il a coûté 30,000 francs, non compris les marbres, donnés par le gouvernement. Le tableau de l'autel qui est en face, représentant saint Charles Borrhomée en prière, est de M. Frosté.

Après cette église, l'édifice le plus remarquable du vieux Versailles, est l'énorme bâtiment qui fixe les regards, à gauche et tout à côté du château : c'est le Grand-Commun, consacré à une école primaire interne, qui, principalement destinée aux enfans de la classe ouvrière, est placée sous la protection spéciale de S. A. R. Monseigneur le duc de Bordeaux (1). Dans une portion du même édifice, est une école modèle gratuite d'enseignement mutuel. Établie sous les auspices et par ordonnance de Louis XVIII, elle est régie par les soins et aux frais d'une association charitable d'habitans de Versailles.

Solidement et pesamment construit en briques, autour d'une cour carrée comme lui, le Grand-Commun renferme, dit-on, mille chambres, où logeaient, quand la cour était à Versailles, plus de 2,000 individus. Il n'est

---

(1) La pension en est très-modique, 264 francs. Les élèves y apprennent, outre la lecture, l'écriture et l'orthographe, le dessin linéaire et l'arithmétique.

d'ailleurs à citer que pour sa masse imposante, et pour son portail, décoré de faisceaux d'armes et de trophées en relief, qui rappellent la célèbre manufacture d'armes de Versailles, fondée dans cet immense bâtiment, en 1795, par le ministre Bénezech, sous la direction de M. Boutet, arquebusier. Ce directeur l'avait portée à un tel point de perfection que, nulle part en Europe, les armes, soit de guerre, soit de luxe, n'obtenaient un aussi beau fini, et à un tel point d'activité qu'elle approvisionnait nos armées de plus de 50,000 fusils par an. Cette belle manufacture fut pillée et entièrement détruite par les Prussiens, le 2 juillet 1815, dans l'hôtel de Noailles où elle avait été transférée.

Un établissement plus précieux, quoique malheureusement moins nécessaire, fut respecté par eux à côté de celui qu'ils venaient de détruire : c'est la bibliothèque publique. Elle occupe, dans la rue de la Surintendance, l'ancien hôtel des affaires étrangères, comme l'apprennent à ceux qui ne le savent point les inscriptions qu'on lit encore sur les portes des diverses salles : *Cabinet des limites,*

Salle des traités, Salle des puissances étrangères, etc.

Cette bibliothèque est ouverte au public, tous les jours de la semaine, depuis 9 heures du matin jusqu'à 3 heures de l'après-midi, excepté les dimanches et fêtes, aux étrangers, tous les jours sans exception. Elle renferme près de 50,000 volumes, la plupart recommandables par le luxe des éditions; recommandables surtout pour avoir fait partie des ouvrages qui composaient les bibliothèques de Louis XVI et de Monsieur, depuis Louis XVIII.

Le bâtiment ne se fait remarquer d'ailleurs que par sa porte d'entrée, garnie d'ornemens et figures en relief: il ne présente, sur la rue, qu'une très-courte façade de trois croisées à chaque étage.

L'ancien hôtel de la Guerre, qui est à côté et attenant, n'est de même remarquable, quoique bien plus grand, que par son portail décoré de magnifiques trophées en relief. C'est là sans doute que furent conçus et arrêtés ces vastes plans militaires qui rendirent la France si puissante sous Louis XIV, si pauvre sous les rois qui lui ont succédé, et son règne si glorieux, les règnes suivans si difficiles. Cet hôtel, aujourd'hui dépouillé de tous les objets relatifs à sa destination primitive, n'en pouvait recevoir une plus convenable que de devenir la caserne d'un des régimens de la garde en garnison à Versailles.

Dans la rue Royale, en face de celle de l'Orangerie, l'hôtel des gardes du corps, occupé en ce moment par la compagnie de Croï, se recommande intérieurement par son manège, ainsi que par la longue enfilade de cours et d'arceaux qui y conduit en ligne droite (1). Il ne se fait remarquer extérieurement que par la porte d'entrée, faisant le vis-à-vis et le pendant de la grille de l'orangerie, qui forme, à l'autre bout de la rue de ce nom, une des plus belles entrées de la ville.

Mais quel serrement de cœur involontaire s'empare de moi, à la vue de cette grille et de cette rue! quel souvenir affreux elles me rappellent! C'est là que le 9 septembre 1792,

---

(1) C'est dans ce bâtiment qu'était la salle de spectacle, sous Louis XV, et c'est dans cette salle qu'ont débuté les célèbres acteurs Fleury, Molé, etc.

les prisonniers d'Orléans furent massacrés, au nom de la liberté et aux cris de *vive la nation*, par une populace effrénée, qu'aidèrent, assure-t-on, au lieu de la repousser, les soldats mêmes de l'escorte (1). Ces infortunés étaient au nombre de cinquante-cinq, il n'y en eut que trois de sauvés. C'est là, contre cette grille, que périt, en défendant vaillamment sa vie, le duc de Brissac, gouverneur de Paris et commandant de la garde de Louis XVI, que son dévouement a fait surnommer le *héros de la fidélité*. Il opposa long-temps aux assassins tout le courage de la vertu et du désespoir ; enfin, après avoir eu les doigts coupés et avoir reçu plusieurs blessures, il fut renversé d'un coup de sabre. Cette mort déplorable a inspiré au chantre de la Pitié les vers suivans :

Je ne t'oublierai point, toi dont l'âme sublime
Gardait un cœur si pur sous le règne du crime ;
Ô guerrier magnanime et chevalier loyal,
Digne héritier d'un sang ami du sang royal,
Respectable Brissac..! Ah! dans ce temps barbare,
Qui n'aime à retrouver une vertu si rare !

---

(1) Elle était composée de 2,000 fédérés.

Avec moins de plaisir, les yeux d'un voyageur
Dans un désert brûlant rencontrent une fleur;
Avec moins de transport, des flancs d'un roc aride,
L'œil charmé voir jaillir une source limpide;
Modèle des sujets et non des courtisans,
Les vertus du vieil âge honoraient ses vieux ans.
A son roi malheureux quel sujet plus fidèle!
Hélas! sous le pouvoir d'une ligue cruelle
Tout fléchissait la tête, et même la vertu
Baissait sous les poignards un regard abattu :
Rien n'altéra sa foi, n'ébranla son courage;
Mais enfin, à son tour, victime de leur rage,
Il passe sans regrets, ainsi que sans remord,
Du Louvre dans les fers et des fers à la mort....
O ville trop coupable, ô malheureux Versailles!
Son sang accusateur souille encor tes murailles (1)!
Un cortége cruel a feint de protéger
D'infortunés captifs qu'il va faire égorger;

---

(1) La juste indignation du poète lui a fait dépasser les bornes de l'hyperbole poétique. La ville de Versailles n'a pas plus participé à cet horrible massacre, que celle de Paris aux égorgemens des 2 et 3 septembre. Elles n'ont d'autre reproche à se faire l'une et l'autre que de ne pas les avoir empêchés. Mais qui ne sait que l'abattement, le découragement général, et le défaut de concert avaient para-

Le char est entouré, les sabres étincellent,
Sur les monceaux de morts les mourans s'amoncellent
Et, de son sang glacé souillant ses cheveux blancs,
La tête d'un héros roule aux pieds des brigands.

---

lysé toutes les résistances. A Versailles du moins, le maire de cette époque, M. Richaud, déploya la plus courageuse énergie, qui s'épuisa malheureusement en efforts inutiles. Prévenu des excès auxquels voulaient se porter 6,000 hommes réunis en ce moment à Versailles, des divers points du département, pour s'organiser en bataillons de volontaires, il accourt au lieu du danger, et harangue les factieux au nom de la loi : il n'est pas entendu. Alors il monte sur l'une des charrettes où étaient entassés les prisonniers, se jette au devant des coups qui les menacent, les couvre de son corps, de son écharpe et de son courage ; enfin ne pouvant arrêter la fureur des brigands, il se couvre la tête de son écharpe, et se confond avec les victimes qu'il ne peut sauver. Un habitant le reconnaît, voit son danger, l'enlève et le transporte dans une maison voisine, où il s'évanouit d'horreur et de fatigue ; quand il reprit ses sens, le crime était consommé. Si tous les Français qui gémissaient alors, courbés sous le joug de la terreur eussent eu la même énergie, la terreur n'eût pas triomphé.

La rue de l'Orangerie, qui vient de nous entraîner dans ce douloureux épisode, est une des plus belles du vieux Versailles.

Nous avons déjà observé qu'elles ne sont ni moins tirées au cordeau, ni guère moins larges dans ce quartier que dans celui de Notre-Dame; la plus belle de toutes est la rue Royale, au bout de laquelle se présente en perspective le couvent de Grand-Champ, édifice très-apparent de loin, et très-ordinaire de près. Elle traverse, vers son milieu, comme celle du Plessis, ouverte à peu de chose près sur le même alignement dans l'autre quartier, une grande place; et cette place, dite le Marché-Neuf, est également divisée en petits carrés, formés de même par des baraques, mais plus régulièrement construites, à un seul étage et en mansardes. D'après cette régularité, qui en déguise un peu le mauvais effet, et prouve évidemment un plan voulu par l'autorité, elles semblent destinées à être maintenues, tandis que celles du marché Notre-Dame, sont, ainsi que nous l'avons déjà dit, condamnées depuis long-temps.

La rue Satory, qui est aussi une des plus

belles de cette moitié de la ville, offre l'agrément de conduire au bois de ce nom, avec lequel elle va, pour ainsi dire, se confondre, ce qui forme, à son extrémité, un charmant effet d'optique. Il serait à désirer, pour l'embellissement de ce quartier, que toutes les autres rues qui ont la même direction offrissent le même agrément, au lieu de se terminer la plupart à des murs d'enceinte ou de clôture, qu'il serait facile de remplacer par des grilles ou des *sauts-de-loup*, propres à rétablir la perspective, interceptée par ces murs; ainsi qu'on l'a si heureusement pratiqué pour toutes les allées du parc. Ce mauvais effet se remarque surtout à la rue Saint-Martin et à toutes celles qui y aboutissent.

Les curieux peuvent aller voir, dans cette dernière, la filature de coton de M. Lehoult, qui emploie de 3 à 400 ouvriers, suivant les circonstances, et tout à côté, l'enclos qui renferme les deux beaux réservoirs de Gobert, alimentés par les eaux de l'étang de Saint-Quentin, et alimentant eux-mêmes ceux de Montbauron, dont nous avons parlé (page 6). Quoiqu'ils n'égalent pas ces derniers en étendue, ils ne méritent pas moins d'être visités, pour leur belle construction et pour les agréables promenades qu'ils offrent, tant sur leurs bords que dans le bois attenant.

Arcades de Buc.
Lorsqu'après avoir achevé de parcourir le quartier Saint-Louis, on se trouve parvenu à la porte, soit de Satory, soit de Buc, il convient de visiter le village de ce nom, situé à un quart de lieue vers le sud, et non moins remarquable par sa position au fond du vallon romantique de la Bièvre, que par l'aqueduc qui alimente les deux réservoirs dont on vient de parler. Dix-neuf grandes arcades de 30 pieds d'ouverture et de 68 de haut, l'élèvent, à l'aide d'une digue sur laquelle elles reposent, et qui leur sert de soubassement, à 100 pieds dans les airs. Les 18 piles qui séparent les arcades ont elles-mêmes 36 pieds de large; c'est en tout 1218 pieds, sans compter la prodigieuse longueur des culées.

Cette construction moderne, imitée des Romains, m'a rappelé le fameux pont du Gard, qu'ils semblent nous avoir laissé, tant comme un modèle en ce genre, que comme un monument impérissable de leur grandeur.

L'un et l'autre aquéducs sont construits en pierre; mais celui du Gard est en pierre de taille, et celui de Buc, partie en pierre de taille, partie en pierre brute. L'un et l'autre traversent de même un vallon d'un aspect sauvage et solitaire, en réunissant deux collines escarpées. Celui du Gard a trois rangs d'arcades, les unes sur les autres, tandis que celui de Buc n'en a qu'un; mais ces dernières sont d'une bien plus grande dimension, et, sous ce rapport, on peut dire que la magnificence du grand peuple a été vaincue par celle du grand Roi. Ce superbe aquéduc est oublié, ou du moins passé sous silence, par la plupart des auteurs qui parlent de Versailles, quoiqu'ils ne manquent jamais de citer, à propos de cette ville, les arcades de Marly, auxquelles celles de Buc me paraissent ne le céder en rien. La différence est que les unes sont sur une montagne et les autres dans un vallon, et si l'aquéduc de Marly alimente les fontaines de la ville, celui de Buc fournit toutes les eaux du parc.

Il ne m'a pas suffi de le voir d'en bas, soit en passant sous les arcades, soit en le contemplant des deux côtés; j'ai voulu encore le parcourir dans sa longueur, sur l'espèce de terrasse qui le couvre, sans rebords ni parapets, comme j'avais parcouru celui du Gard. Cette étroite et haute promenade n'est pas sans difficulté, non plus que sans danger. Un compagnon de voyage qui voulut la faire avec moi ne tarda pas à quitter la partie, aimant mieux me laisser aller seul, que de braver les vertiges et l'effroi que lui causait la vue d'un double et continuel précipice de 100 pieds de haut, dans une longueur de près de 600 mètres, compris les culées, sur une largeur de 3 pieds.

Je ne connais pas de perspective semblable à celle que m'ont offerte, du milieu de cette terrasse, par une belle matinée d'automne, le vallon de la Bièvre, depuis le village de Buc jusqu'au bourg de Jouy, et ce bourg lui-même, où le vallon semble se terminer. Elle avait pour moi quelque chose de magique, difficile à rendre autrement qu'avec le pinceau, et je la recommande aux paysagistes qui se décideront à risquer, sur mes traces, la même promenade. Le très-petit village de Buc occupe à peu près le milieu de la distance de Versailles à Jouy. Ce n'est point la véritable route, mais c'est la plus agréable, pourvu toutefois qu'on ne soit pas en voiture; c'est même, contre l'opinion commune, la plus courte, d'après la vérification que j'en ai faite, montre en main.

Jouy a été rendu célèbre par la manufacture de toiles peintes, qui a porté son nom dans toutes les parties des deux mondes où ont pénétré les produits de l'industrie française. La juste renommée de ces toiles nous dispense d'entrer dans aucun détail sur une fabrique aussi connue pour la perfection de ses tissus, que pour la beauté de ses dessins et la solidité de ses couleurs. Elle avait reçu une telle impulsion de son recommandable fondateur, M. Oberkampf, qu'elle a occupé, dans sa plus grande activité, jusqu'à 1600 ouvriers. Déchue depuis sa mort, elle en occupe à peine 300 aujourd'hui.

Manufacture de Jouy.

Cette mort a été une véritable calamité pour le bourg de Jouy, naguère misérable village, qui lui a dû son rapide accroissement et sa prospérité; grâce à ce bienfaiteur, les chaumières avaient été remplacées par des maisons neuves et propres : à l'époque de sa mort, on comptait à Jouy, près de 2,000 habitans. Ils l'ont pleuré comme des enfans pleurèrent un père chéri. Leur nombre a diminué depuis, et il diminue encore tous les jours, par l'émigration des ouvriers obligés d'aller chercher ailleurs l'occupation qu'ils ne trouvent plus dans leur pays.

Cet établissement fut mis en vente et adjugé le 25 octobre 1821 à M. Oberkampf fils, auquel a succédé M. Barbet, négociant de Rouen. Mais ni l'un ni l'autre n'ont pu remplacer M. Oberkampf père. Peut-être aurait-il fini par succomber lui-même sous la concurrence du grand nombre de fabriques établies à l'imitation de la sienne, qui, dans le principe et pendant long-temps, n'a pas eu de rivale. On m'assure cependant qu'elle commence à se relever sous son nouveau propriétaire ; mais il paraît aussi que c'est en abandonnant les qualités supérieures qui avaient fait la réputation des toiles de Jouy, pour travailler de préférence dans les bas prix, qui offrent un débit plus assuré.

Cette célèbre manufacture n'a qu'un seul et beau bâtiment, encore en ai-je vu de plus beaux et surtout de plus vastes, même dans des fabriques d'une moindre célébrité.

On attribue à la qualité des eaux de la Bièvre le bon teint des toiles de Jouy, comme on leur attribue, à Paris, la vivacité des couleurs qui distingue les tapisseries des Gobelins (1).

L'ancien château de Jouy, appartenant jadis à la famille d'Harcourt, ne mérite plus d'être mentionné, depuis qu'il est devenu, par les événemens, la propriété de M. Seguin, qui en a détruit la meilleure partie.

Nous ne pousserons pas plus loin cette excursion où nous ont entraînés les arcades de Buc. Les curieux qui, comme nous, n'aiment point à revenir sur leurs pas, pourront regagner Versailles par la véritable route, qui va s'embrancher dans celle de Choisy, aux portes de la ville.

Nous n'avons rien laissé à voir dans le quartier Saint-Louis, que la salle du Jeu de Paume, nullement remarquable par elle-même, mais fameuse par le serment des députés réunis en Assemblée nationale,

---

(1) On sait que ce nom de la plus célèbre manufacture de tapisseries qui existe, est aussi celui que porte la rivière de Bièvre, depuis Gentilly jusqu'à son embouchure dans la Seine, à Paris.

sous la présidence de Bailly; serment terrible, qui fut le signal de la révolution. Il était conçu en ces termes : *Nous jurons de ne pas nous séparer, jusqu'à ce que la constitution du royaume soit établie sur des fondemens solides*. Naguère on le lisait encore, sur une plaque de cuivre placée dans l'intérieur, et cachée aujourd'hui derrière les décorations du théâtre de Versailles, dont cette salle est devenue le dépôt. L'inscription ajoutait : *Ils l'avaient juré, ils ont tenu leur serment*. Nous ajouterons nous-mêmes que la plupart l'auraient sans doute rétracté, s'ils en eussent pu prévoir les funestes conséquences. Plusieurs d'entre eux, au nombre desquels est l'infortuné Bailly, ont été engloutis dans l'abîme qu'ils avaient ouvert eux-mêmes, sans le vouloir. Cette salle devint dans la suite l'antre des Jacobins de Versailles, et cet atelier de révolution a été converti depuis en un atelier de menuiserie, remplacé à son tour par le dépôt que nous venons d'y voir. Ainsi le jeu de paume de Versailles peut être considéré comme une image abrégée des révolutions dont il a été le témoin et le théâtre.

Nous laisserons le *Cicérone* de Versailles promener avec soin ses lecteurs de rue en rue, et leur en donner la savante nomenclature, sans leur faire grâce d'aucune impasse ni carrefour, en leur apprenant que « dans *la plus grande majorité desdites rues*, « les propriétaires cherchent à donner à leurs « maisons une valeur plus assurée *par* des res- « taurations commandées *par* l'intérêt. » Contentons-nous d'avoir fait connaître aux nôtres les principaux quartiers, avec les principaux édifices qui les décorent, sans oublier de remarquer en finissant que, parmi les nombreux hôtels que renferme cette ville, peu sont bâtis en pierre de taille, et que presqu'aucun ne se distingue par la richesse d'architecture qui caractérise la plupart des hôtels de Paris ; c'est que ceux de Versailles ne servaient que de pied-à-terre aux seigneurs de la cour, qui habitaient ordinairement la capitale. La pierre de taille ne se montre que dans un petit nombre de maisons neuves : on sait que, réservée d'abord au seul château, elle était interdite aux bâtimens des particuliers, obligés d'y employer ou d'y simuler la brique, sans doute afin de les mettre en harmonie avec le palais en brique de Louis XIII, et peut-être aussi pour agrandir la différence qui devait exister entr'elles et celui de Louis XIV.

N'oublions pas d'observer non plus qu'un très grand nombre de fontaines publiques arrosent et rafraîchissent cette ville sans l'embellir; car c'est une chose faite pour étonner l'étranger, que, parmi tant de fontaines, aucune ne contribue véritablement à décorer les rues ni les places d'une cité qui a été d'ailleurs l'objet de tant de sacrifices.

Ce n'est pas une chose moins remarquable pour l'étranger qu'une ville de près de 30,000 habitans sans rivière, que dis-je, sans un simple ruisseau. N'eût-il pas été possible dans le temps, ne serait-il pas encore possible aujourd'hui, de procurer à Versailles une rivière artificielle, non en recourant au somptueux aquéduc qui devait y amener les eaux de l'Eure, mais en faisant circuler dans ses murs le bras qu'on a détaché de la Seine à Marly, et y ajoutant le trop plein des étangs de Gobert et Montbauron, sans compter encore les sources des environs de la ville. Dans tous les cas, une partie de ces divers renforts suffirait amplement pour convertir en canal navigable le ruisseau dont nous avons vu l'embouchure à Sèvres, et la source à Versailles (V. ci-dessus l'Aperçu préliminaire), puisqu'il suffit à lui seul pour former, presqu'en naissant, autour de la ferme de Porché-Fontaine, près la barrière de la grande avenue, un commencement de canal, d'une largeur et d'une profondeur qui paraissent l'égaler à tous les canaux navigables de France.

Dirigé, comme le ruisseau actuel, dans la gorge de Châville, le nouveau canal tirerait encore un aliment continuel des sources abondantes dont cette gorge est remplie. C'en est assez pour prouver que l'eau ne manquerait point, et qu'on ne peut objecter cet inconvénient. Resterait celui d'une pente d'environ 100 mètres, qu'on ne pourrait que modifier, en donnant la plus grande profondeur possible à la tranchée ouverte pour le canal, près de Versailles, ce qui diminuerait d'autant le nombre et la hauteur des écluses (1)

---

(1) Il est juste de dire que les concessions d'eau

Au lieu de rivière, la ville de Versailles possède deux égoûts souterrains, qui, après avoir reçu toutes les eaux de ses deux quartiers, vont, l'un à droite, l'autre à gauche du parc, se réunir, au-delà du grand canal, dans le ruisseau de Gally, qui n'est autre chose que la décharge de cette vaste pièce d'eau.

Nous ne parlons, en finissant, comme nous l'avons fait en commençant, que de deux quartiers, parce qu'il n'y en a réellement que deux bien distincts et bien connus à Versailles. Cependant M. Dulaure, dans ses nouveaux *Environs de Paris,* les porte au nombre de trois, en divisant en deux le quartier Saint-Louis, sous le double nom de *vieux-Versailles* et de *Parc aux Cerfs.* Ce prétendu troisième quartier n'a été qu'un agrandissement du second, dont il fait si bien partie intégrante qu'il serait impossible de distinguer l'un de l'autre. Le même

---

de rivière sont plus communes et plus faciles à obtenir aujourd'hui à Versailles, que dans aucune autre ville de France, grâce à la pompe à feu, qui a remplacé la machine de Marly.

auteur donne à Versailles trois faubourgs, savoir le grand et le petit Montreuil, que tout le monde connait pour tels, et un prétendu faubourg de Limoges, que tout le monde ignore : on sait seulement qu'il existe, dans l'intérieur de la ville, une rue et un hôtel de Limoges, ainsi nommés parce que c'est là qu'habitaient les terrassiers et maçons Limousins employés au château, lors de sa construction.

Tel est, dans son ensemble et ses principaux détails, le tableau physique de la ville de Versailles. Nous avons tâché de lui donner tout juste le degré d'étendue que paraissait exiger l'importance de cette ville, ainsi que l'intérêt de nos lecteurs, double borne que nous avons aussi tâché de ne pas franchir, bien convaincu que nous sommes de cette vérité, que le secret d'ennuyer est celui de tout dire.

Quant au tableau moral, il nous paraît à la fois et plus court et plus difficile à faire ; plus court, en ce qu'on a bien peu de choses à dire sur les mœurs d'une ville aussi voisine de la capitale, et aussi peuplée d'étrangers ; plus difficile, par l'embarras même où cette double circonstance place l'observateur. Qu'on ne cherche donc à saisir, qu'on ne s'attende à trouver aucune différence prononcée entre les habitans de Paris et ceux de Versailles.

C'est dans la classe du peuple qu'existe partout le caractère véritablement national, l'éducation étant, comme nous l'avons dit ailleurs, un lien qui rapproche et *uniformise*, pour ainsi dire, les hommes de tous les pays. Je ne sais si je me trompe, mais j'ai cru remarquer, dans cette classe, à Versailles, moins d'obligeance et d'aménité qu'à Paris. Les étrangers, si nécessaires à cette ville, n'y trouvent d'autre empressement que celui de quelques mercenaires, qui leur offrent à l'envi, les uns de porter leurs paquets, les autres de leur montrer le château.

Un grand nombre de familles distinguées, tant anglaises que françaises, y ont fixé leur séjour, les unes pendant la belle saison, en passant le reste de l'année à Paris; d'autres pendant l'hiver, en passant l'été dans leurs châteaux ou leurs maisons de campagne; d'autres enfin pendant toute l'année. Les réunions y sont assez fréquentes : le bon choix et le bon ton des officiers de la garde du Roi les font admettre dans tous les cercles. On donne souvent des bals et des concerts, dont ils sont les acteurs les plus précieux ; ils donnent des concerts eux-mêmes, pendant l'été, dans le parc, aux promeneurs et promeneuses qui fréquentent le *Tapis-Vert*, principale allée du parc et rendez-vous de tout ce qu'il y a de mieux à Versailles.

Les agrémens de cette ville, dans la mauvaise saison, sont très-faibles et à peu près nuls, pour les personnes qui ne hantent pas la société. De larges rues désertes, de larges avenues, de larges boulevards où l'on ne rencontre que des soldats promenant leur oisiveté et leur ennui, ont quelque chose d'attristant, qui fait redouter alors ce séjour aux habitués des grandes villes (1).

---

(1) En compensation, ces rues si peu foulées et si commodes pour les gens à équipages, par leur largeur, sont tout aussi agréables pour les piétons par leur propreté. Les premiers n'ont pas plus à craindre d'y être accrochés que les autres d'y être écrasés. La pluie en mouille les pavés sans les rendre boueux, et, quelle qu'en ait été la durée,

Le théâtre de Versailles, livré à une troupe semi-ambulante, semi-sédentaire, qui exploite en même temps celui de Saint-Germain, offre régulièrement tous les dimanches, mardis et jeudis, et par fois extraordinairement les autres jours de la semaine, lorsqu'il lui vient quelqu'acteur de Paris, une ressource au désœuvrement, qu'on suppose, du reste, plus général à Versailles qu'il ne l'est en réalité. Si l'on y voit des habitans oisifs, ce ne sont guère que des vieillards qui viennent chercher le repos et la santé, dans un climat vif et pur, où la plupart prolongent leur carrière au-delà des bornes communes. Ce climat n'est contraire qu'aux poitrines très-

il suffit d'une heure de soleil pour les sécher. — Au surplus cette propreté n'est réelle que dans les rues, et comme la moitié de la ville consiste en avenues et boulevards, dont les pavés, et surtout les accotemens, offrent des bourbiers continuels en hiver, il en résulte que cette moitié de Versailles est fort boueuse pendant une moitié de l'année. On éprouve alors, pour les traverser, le même embarras que dans les larges et belles rues de Londres, pour passer d'un trottoir à l'autre.

délicates, sans même leur être dangereux, puisque l'expérience a prouvé qu'elles s'y habituent.

La température y est plus froide qu'à Paris, d'un degré, suivant les vérifications réitérées que nous en avons faites, et non de deux, comme on le prétend. Quoique dominé de tous les côtés par les croupes boisées qui l'entourent, le site de Versailles domine lui-même de beaucoup celui de Paris, d'après les différentes mesures qui en ont été prises, et dont la plus positive donne, au rez-de-chaussée du château, 140 mètres au-dessus du niveau moyen de la Seine, à Paris, ce qui doit faire 182 au dessus du niveau de la mer.

La population de Versailles, est aujourd'hui de 28,000 individus, non compris une garnison qui varie entre 2,500 et 3,000 hommes, non compris encore les nombreux élèves des séminaires, colléges, écoles de toute espèce et pensions de tout sexe, qu'on porte à plus de 2,000. Elle s'est élevée de 70 à 80 mille, au temps de la cour; mais jamais à cent mille comme on le dit communément.

Naguère dénuée de tout commerce, la

ville de Versailles a fait, de nos jours, quelques pas vers l'industrie. Elle possède, outre la filature de M. Lehoult, dont nous avons déjà parlé, une manufacture de toiles peintes (1), des brasseries, des tanneries, plusieurs imprimeries, plusieurs papeteries, des fabriques de tulle, de carton, de bougies, de limes façon anglaise, et de mesures linéaires. Elle a trois foires annuelles de huit jours chacune; nous avons déjà vu que celle du 25 août coïncide avec la fête de Saint-Louis, et que l'avenue de Sceaux en est le principal théâtre : quant aux marchands, c'est dans la rue Royale attenante qu'ils établissent leurs boutiques temporaires. La foire du 1.er mai et celle du 9 octobre se tiennent dans l'avenue de Saint-Cloud et la rue du Plessis. Les marchés du mardi et du vendredi sont très-peu de chose à Versailles, ils n'approvisionnent que les cuisines et les marchandes fruitières.

---

(1) Etablie dans la maison dite de l'Hermitage, rue de la Porcherie, au bout de celle de Maurepas, et dirigée par M. Eugène Bazile et compagnie.

La principale ressource des habitans est, à bien dire, le château royal, qui leur procure, outre la visite de quatre à cinq cents curieux par jour (1), la résidence de plusieurs milliers d'étrangers, sans lesquels la moitié des maisons seraient inhabitées; cette affluence, bien augmentée depuis la restauration, est due en grande partie aux nombreux établissemens de voitures publiques, qui, partant de Paris et de Versailles toutes les demi-heures, quelquefois tous les quarts-d'heure, et faisant le trajet en moins de deux heures, rendent ce voyage aussi facile et aussi prompt qu'il est commode et peu dispendieux; ce qui a doublé l'activité des relations entre les deux villes. Le premier établissement de ce genre fut celui des *Gondoles*, formé en 1815, par une compagnie anglaise, qui, n'ayant pu le soutenir, le vendit à une compagnie française; et le second celui des *Parisiennes*, qui, non seulement a fort bien soutenu la concurrence,

---

(1) Beaucoup plus en été, surtout quand les eaux jouent, beaucoup moins en hiver quand il fait beau, pas du tout, quand il fait mauvais.

mais l'a même fait cesser, en se réunissant avec l'autre, au commencement de l'année 1826, sans abuser de cette circonstance pour faire la loi aux voyageurs, lesquels, au surplus, ont encore à choisir entre cet établissement et celui de l'*Espérance* (1).

Le château occupe, outre les personnes qui y sont employées, un grand nombre d'habitans, surtout dans la classe ouvrière. Croira-t-on que cette classe ait pu se tourner elle-même contre ses pères nourriciers? Non; là comme dans toute la France, chaque classe avait sa lie, qui, dans l'agitation générale, s'est élevée à la surface : cette lie est aujourd'hui retombée à la place qui lui convient, et tout est rentré dans l'ordre.

Les hôtels garnis et les restaurans sont très-multipliés à Versailles. Les cafés ne le sont guère moins, ainsi que les cabinets littéraires et les établissemens de bains.

---

(1) Les places du premier sont fixées, depuis la réunion, à 2 fr., 1 fr. 75 cent. et 1 fr. 50 cent.; celles du second sont, depuis le même temps, fixées uniformément à 1 fr. 50 cent.

Ce siége de la préfecture de Seine et Oise, l'est aussi d'un évêché créé par le concordat de 1801, ainsi que des tribunaux de première instance et de commerce. On y a établi en 1798 une société d'agriculture et des arts, qui a rendu de grands services à ce département, l'un des plus agricoles de France, quoique les forêts, les bois, les eaux et les parcs occupent près de la moitié de sa surface.

N'existant comme ville que depuis Louis XIV, Versailles ne saurait fournir à l'histoire beaucoup de personnages illustres. Comme village ce lieu a compté parmi ses seigneurs Martial de Loménie, l'une des victimes du massacre de la Saint-Barthélemy, et père d'Antoine de Loménie, ambassadeur de Henri IV en Angleterre. La ville actuelle a été le berceau des rois Louis XV, Louis XVI, Louis XVII, Louis XVIII et Charles X, aujourd'hui régnant, ainsi que des princes ses fils et de madame la Dauphine. Elle a vu naître aussi Guyot de Merville, auteur d'un grand nombre de pièces de théâtre, mort en 1765 ; madame Guibon, qui a publié diverses poésies, dans le milieu du même siècle ; Bourlet de Vauxcelles, mort en 1802, auteur de plusieurs oraisons funèbres et d'un éloge de madame de Sévigné; le vertueux fondateur de l'école des sourds-muets, l'Abbé de l'Épée, mort en 1790; l'estimable auteur dramatique Ducis, successeur de Voltaire à l'Académie, mort le 31 mai 1816; le général Hoche, né en 1768, qui parvint du grade de caporal dans les gardes françaises, à celui de général en chef dans les armées de la république, mort à la fleur de son âge, et au plus fort de sa gloire, en 1798; le maréchal Berthier (Alexandre), prince de Neufchâtel et de Wagram, général non moins célèbre, qui a servi, sous Louis XVI, dans la guerre de l'Amérique contre les Anglais, sous la République, sous le Directoire et sous Buonaparte, contre toute l'Europe, et contre une partie de l'Asie et de l'Afrique [1]; enfin, les deux peintres d'histoire Aubry,

---

(1) Nommé pair de France par Louis XVIII, qui lui confia le commandement d'une des compagnies de ses gardes du corps, il se retira, à l'époque du retour de l'ex-empereur, le 20 mars 1815, à Bamberg, où il mourut, le 1.er juin de la même année, à l'âge de 62 ans.

mort en 1781, et Colin de Vermont, dont nous avons vu un fort bon tableau à l'église de Saint-Louis, mort en 1761.

Jean-Sylvain Bailly, célèbre comme auteur de divers bons ouvrages d'astronomie, plus célèbre comme maire de Paris et comme président de l'Assemblée constituante, au commencement de la révolution, qu'il avait embrassée avec autant d'ardeur que de bonne foi, et dont il fut victime en 1793, n'était pas natif, comme on le croit communément, mais originaire de Versailles.

La fondation de cette ville se confond avec celle du château, dont elle a été un accessoire et une conséquence nécessaire, dès-lors que la résidence du gouvernement devait y être transférée.

Quelques traités de paix et quelques anecdotes de cour, sont les seuls faits historiques qu'elle nous offre, jusqu'au moment où elle a été le siége de l'assemblée des notables qui ont préparé la révolution, et des États-Généraux qui l'ont faite. Les événemens, presque tous désastreux, qui se sont passés à cette époque, sont trop près de nous pour avoir besoin d'être retracés ici, et trop douloureux pour qu'on ne doive pas craindre d'irriter, en y retouchant, des plaies que le temps seul peut cicatriser. L'histoire les a recueillis, et c'est par elle que la postérité doit les apprendre.

Quant aux événemens encore plus près de nous, arrivés à Versailles lors de l'invasion de 1815, et rapportés avec des détails non moins erronés que circonstanciés, dans le Nouveau Dictionnaire des environs de Paris, ils sont connus de tout le monde, et appartiennent de même à l'histoire plus qu'à la topographie.

L'auteur de ce Dictionnaire ne se montre pas mieux instruit de la direction de nos routes, que de nos événemens politiques, lorsqu'il dit que Versailles est sur celle de Paris à Caen. Cette ville est sur trois routes principales, dont aucune ne conduit directement à Caen; la première des trois est celle de Bordeaux, la seconde celle de Nantes, et la troisième celle de Brest.

DEUXIÈME JOURNÉE.

CHÂTEAU DE VERSAILLES.

Avant d'aborder la description du château de nos Rois, il convient de ramener le voyageur à l'entrée de la place d'Armes, où il l'avait en perspective en arrivant, perspective qu'il a dû quitter à regret, pour parcourir avec nous les divers quartiers de la ville. *Place d'Armes et façade du château de Louis XIII.*

S'il fallait en croire l'auteur du Nouveau Dictionnaire des environs de Paris, « l'étranger demeure stupéfait à l'aspect du magnifique coup-d'œil que présentent à ses regards étonnés les palais et les superbes édifices élevés sur la place d'Armes. »

S'il faut croire ce que nous en disons nous-mêmes, dans notre aperçu de Versailles (route de Paris à Bordeaux, page 113), les palais et les édifices sont précisément ce qui manque à cette place ; on n'y en voit d'autre, en arrivant, que le château de Louis XIII, dont l'aspect frappe l'étranger d'une surprise toute contraire à celle de l'admiration.

Cet auteur a grand tort sans doute de s'enthousiasmer *du magnifique coup-d'œil que présentent à ses regards étonnés* des palais et de superbes édifices qui n'existent point; mais nous n'avons pas eu tout-à-fait raison nous-mêmes de ne voir, en face de la grande avenue, qu'un seul palais et qu'un édifice ordinaire, quoique nous ayons bien modifié l'opinion des auteurs derrière lesquels nous placions la nôtre, en ajoutant que, néanmoins, les regards ne parcourent pas sans intérêt ce monument du règne de Louis XIII, plus extraordinaire qu'il n'est imposant.

Il est bien vrai que cet ancien château, consistant en une très-courte façade principale, de 7 croisées (dont trois au pavillon qui en occupe le milieu), et deux longues ailes en retour, le tout en brique, dans le style du 16.ᵉ siècle, n'offre d'abord qu'un édifice assez ordinaire. Mais les deux bâtimens en pierre de taille, plus modernes, et plus riches d'architecture qui, terminent ces deux ailes, sous le nom *d'ailes des pavillons*, et sont terminés eux-mêmes par deux portiques d'ordre corinthien, peuvent être considérés comme deux édifices à part, vu qu'ils n'ont aucun rapport avec celui auquel ils sont ajoutés; ce qui détruit toute harmonie: défaut d'autant plus sensible, qu'on est porté à regarder les trois édifices comme n'en faisant qu'un, puisqu'ils composent un même château.

On doit regarder encore plus comme deux édifices à part les deux longs bâtimens détachés qui bordent, de chaque côté, l'espèce d'avant-cour qu'on a nommée *cour des ministres*, parce qu'ils servaient aux bureaux des divers ministères; bâtimens nommés eux-mêmes, par la même raison, *ailes des ministres*. Ils ne présentent aucun style, aucun ornement d'architecture, et ne sont que vastes, si bien qu'on les prendrait plutôt pour des casernes que pour les ailes d'une maison royale.

Voilà les divers édifices qu'a pu contempler, sur la place d'Armes, l'auteur dont nous venons de parler, et c'est la plus grande critique à faire de cette façade, que d'y voir plusieurs palais en un seul.

Il faut convenir toutefois que cet ensemble, malgré ses disparates, n'est pas aujourd'hui sans effet, et cet effet est celui d'une perspective théâtrale. Le maréchal de Bassompière pourrait bien n'y plus reconnaître son *chétif château de Versailles*, expression que je trouve citée partout, et qui me parait peu digne de tant d'honneur. Des combles en plomb, couronnés de sculptures dorées et délicates, des balustrades également dorées et richement travaillées, des vases et des trophées, des bustes, des statues et des groupes exécutés par les artistes de Louis XIV; enfin, huit jolies colonnes doriques en marbre de Rance, un grand balcon en marbre blanc, une élégante cour, pavée en carreaux de ces deux espèces de marbre, comme un vestibule; tout cela, joint aux nouvelles constructions, les unes belles, les autres grandes, qui en sont les appendices, me semble ne pouvoir appartenir à un simple particulier, et déceler la demeure d'un souverain.

Les bustes, presque tous en marbre blanc, et tous antiques ou imités de l'antique, qui garnissent, au nombre de 80, les entre-deux des fenêtres, sont posés sur autant de consoles en pierre de taille, dont la couleur grise tranche assez agréablement avec le rouge foncé de la brique. Les statues et groupes entremêlés de vases et de trophées qui couronnent d'une manière à la fois noble et gracieuse les balustrades du comble, sont, en commençant à droite :

La Richesse, par Marsy ;

La Justice, par Coysevox ;

Pallas, par Girardon ;

La Prudence, par Massou ;

La Diligence, par Raon, tenant une branche de thym, sur laquelle le bon Piganiol a cru voir une abeille symbolique, qu'il nous a été impossible de découvrir, soit qu'elle ait disparu depuis, soit qu'elle n'y ait jamais été, ou qu'un aussi petit individu ne fût pas visible pour nous à cette distance ;

La Paix, par Regnaudin ;

L'Europe par Legros, et l'Asie, par Massou, en un seul groupe ;

Dans l'encoignure, une Renommée, par Lecomte, et à l'encoignure opposée, une Victoire, par l'Espingola ;

De l'autre côté, l'Afrique, par Lehongre,

et l'Amérique, par Regnaudin, en un seul groupe, faisant le pendant de celui de l'Europe et de l'Asie qui est en face ;

La Gloire, par Regnaudin ;

L'Autorité, par Lehongre ;

La Richesse, par le même, correspondant à celle que nous avons vue sur la balustrade opposée ;

La Générosité, par Legros ;

La Force, par Coysevox ;

L'Abondance, par Marsy.

Toutes ces allégories ne sont pas également claires, et sans Piganiol, le seul auteur qui en parle, nous en eussions laissé la plus grande partie au bout de la plume.

Les deux statues à demi-couchées qui forment une espèce de fronton, sur le pavillon de la façade principale, sont les plus caractérisées de toutes, et les mieux exécutées. A droite c'est le Dieu de la guerre, par Marsy ; à gauche, une figure allégorique de Louis XIV, par Girardon, sous l'emblême d'Hercule, qui se repose après avoir triomphé de tous ses ennemis. L'horloge qu'elles paraissent soutenir n'est qu'un simple cadran, destiné à marquer l'heure de la mort du dernier Roi. A la place de ce cadran mortuaire, on aimerait mieux en voir un qui indiquât aux vivans les heures de la journée, et leur rappelât, avec celles qu'ils ont déjà employées, celles qu'il leur reste à employer encore. C'est le seul palais que nous connaissions en France dépourvu de ce genre d'utilité.

Les deux ailes latérales du château de Louis XIII présentent la singularité d'être composées de divers corps de logis débordant l'un sur l'autre, de manière que la cour qui les sépare va s'élargissant toujours, depuis le très-petit carré qui forme la cour de marbre jusqu'à la grille d'entrée. Cette bizarrerie a été imitée dans les nouvelles ailes des pavillons, et même surpassée dans celles des ministres, reculées hors de toute proportion ; ce qui rapetisse d'autant la façade principale, en la jetant dans un profond enfoncement, où elle est tout-à-fait effacée, et pour ainsi dire éteinte par ses accessoires.

A ce mauvais effet, se joint encore celui de mettre en opposition des constructions en pierre avec des constructions en brique, la blancheur des premières avec le rouge des dernières, l'architecture d'un siècle avec celle d'un autre. C'est de ces oppositions que résulte le défaut d'harmonie que nous avons observé plus haut. Un autre grand inconvénient des nouvelles ailes, est que celle des ministres qui occupe le côté du nord, achève de masquer la chapelle du Roi, que ne masque déjà que trop l'aile des pavillons; si bien qu'on ne la voit pas, à proprement parler; on ne fait que l'entrevoir, à travers l'intervalle qui sépare les deux bâtimens, pourvu toutefois qu'on se place vis-à-vis de cet intervalle. Dans toute autre position, on ne la voit que par le comble.

Contigus au château, dont ils ont prolongé les ailes, les deux bâtimens des pavillons ont succédé à ceux qu'avait fait construire Louis XIV, à la même place, dans un style bien plus modeste, afin de ne pas éclipser par trop d'éclat la façade qu'il avait résolu de respecter. Le système de ce prince, combattu, même de son vivant, ayant cessé après lui, on n'a pas craint de substituer à ces deux ailes deux édifices somptueux, où l'architecte Gabriel a tâché de déployer toute la richesse de l'ordre corinthien, sans être parvenu à lui donner toute la grâce et la légèreté dont il est susceptible. On remarque que ce sont les seuls pavillons et les seules colonnes corinthiennes qu'offre, à l'extérieur, le château de Versailles.

Ces deux ailes attendent, dit-on, une nouvelle façade, qui doit les réunir et cacher tout-à-fait, remplacer même à la vue, si le plan de Gabriel achève de s'exécuter, le château de Louis XIII, dont on ne conserverait que les trois corps de logis, séparés par la cour de marbre, laquelle deviendrait alors une cour intérieure.

Quant aux ailes des ministres, aucun plan, aucun vœu ne tend à les conserver. Un de leurs inconvéniens, joint à tant d'autres, est de couper l'alignement des deux avenues de Sceaux et de Saint-Cloud, dont les rayons visuels viennent se réunir à un foyer commun, dans le milieu de la cour. Ce foyer est marqué par un pavé au milieu duquel s'ouvrait, dans le principe, une grille formant la séparation de la cour royale d'avec celle des ministres.

Les curieux aiment à se placer sur cette

pierre, d'où leurs regards embrassent à la fois les trois avenues. Il est impossible alors de ne pas regretter que ce point de vue soit caché en partie par les deux bâtimens des ministres, qui déparent les abords du château comme le château même, et qu'ils n'aient pas été plutôt construits sur les deux faces nord et sud de la place d'Armes, en suivant l'alignement des deux avenues de Sceaux et de Saint-Cloud. Ils eussent pu la régulariser, au lieu que, dans l'état actuel, elle est tellement irrégulière, qu'on n'en saurait distinguer la figure, sans le secours des plans (1), où l'on reconnaît avec surprise une surface triangulaire, dont un côté est légèrement arqué par la courbe que décrivent les grilles des grandes et petites écuries, et l'angle en face fortement tronqué par la saillie de la grille du château. Les deux autres côtés sont formés, l'un par la continuation des façades irrégulières qui bordent l'avenue de Saint-Cloud, l'autre par de mauvaises constructions et des baraques, l'alignement

---

(1) Voyez celui qui est ci-joint.

n'ayant pas été continué sur cette face. Ainsi rien ne se ressemble sur les quatre côtés de cette vaste place; car l'angle coupé en fait un véritable quadrilatère, dont le plus petit côté est formé, ou à peu près, par la grille du château. Derrière cette grille se développe, jusqu'à la façade, une immense cour, autrefois divisée en trois par deux autres grilles, qui ont été détruites dans la révolution; seulement, pour arriver à la cour de marbre, on monte cinq marches, qui forment la séparation de cette dernière cour d'avec celles des ministres.

Notre plan montre comparativement la différence de la place actuelle, N.º 1, avec celle, N.º 2, dont nous soumettons l'idée à nos lecteurs: il recule la grille du château, de manière à rejeter dans la place d'Armes l'avant-cour, composée d'une rampe rapide qui ne ferait pas un aussi mauvais effet sur une place que dans la cour d'un château (¹).

---

(1) Cette rampe pourrait être adoucie, en la fondant avec celle de la place, et y faisant participer l'avenue, par un plan uniformément et très-légèrement incliné.

En cessant d'être immense, ce qui n'est pas nécessaire, cette cour deviendrait horizontale, ce qui est plus essentiel; et, ce qui ne l'est pas moins, sa grandeur serait proportionnée à celle du château auquel elle appartient; car la cour actuelle est incontestablement trop grande, tandis qu'une place d'Armes ne saurait avoir trop d'étendue.

Les chaussées des deux avenues latérales n'arrivent à la grille, dans l'état actuel, que par deux coudes qui commencent à l'entrée de la place d'Armes, non sans faire un très-mauvais effet, au lieu qu'elles arriveraient directement à la nouvelle grille. Là, trois grandes portes s'ouvriraient sur chacune des trois avenues, et pour donner à la place toute la régularité dont elle est susceptible, la grille pourrait décrire une courbe parallèle à celle que décrivent en face les grilles des grandes et petites écuries.

Grandes et petites Écuries.
Ces deux derniers édifices sont les plus beaux de Versailles, après le château, et le plus bel ornement de la place d'Armes; plusieurs connaisseurs les regardent comme le chef-d'œuvre de Mansard. Au fond de deux vastes cours se développent deux magnifiques

façades en fer-à-cheval, et au milieu de chaque façade s'ouvre une grande porte cintrée, dont les montans sont enrichis de trophées en bas-relief. Dans chaque cintre, couronné d'un fronton triangulaire, ressortent la tête et l'encolure de trois chevaux en pierre, et dans chaque fronton, deux Renommées soutiennent un écusson qui réclame encore les armes de France, effacées du temps de la république. Tous ces ouvrages, d'un fort bon style, sont de Raon, Mazière et Granier. Deux ailes en retour, partant des deux extrémités de la façade, viennent rejoindre les grilles, bordées de trottoirs en dehors.

Ces grilles, renouvelées depuis peu, font regretter les anciennes à ceux qui les ont connues : elles étaient chargées d'ornemens emblématiques indiquant la destination du lieu, et parfaitement exécutés. Celles qui les remplacent, consistent dans de simples barreaux terminés par des lances dorées, leur unique décoration.

Aussi grands l'un que l'autre, malgré leur nom de *grandes et petites écuries*, et tout-à-fait semblables entre eux, ces deux majestueux édifices occupent les deux intervalles qui séparent les trois avenues, à l'entrée de la place d'Armes. On a qualifié du nom de grandes celles du nord, parce qu'elles logeaient les chevaux du Roi. Ce nom, pris dans le sens géométrique, conviendrait davantage aux petites écuries, qui contiennent plus de chevaux que les grandes. Les deux réunies n'en peuvent loger qu'environ 900, et non 3 ou 4,000, comme le disent la plupart des auteurs. Dans les grandes, sont aujourd'hui les chevaux de manège ; dans les petites, les chevaux de course.

Sur les derrières des premières, au bout de l'aile qui borde la grande avenue, est un double manége destiné aux leçons d'équitation ; sur les derrières des secondes, directement au milieu, une grande coupole de plomb couvre un manége circulaire, destiné à trotter les chevaux à la longe. Ce dernier est une rotonde à laquelle aboutissent cinq écuries, ouvertes en ligne droite comme autant de galeries.

Si les grilles des écuries du Roi ne sont ni riches ni imposantes comme les anciennes, celle de la cour du château, qui leur fait face et qui vient d'être remise à neuf, est fort belle, surtout la grande porte, au-dessus de laquelle brille un magnifique couronnement doré, formant l'écusson des armes de France. Les deux guérites en pierre qui la terminent à droite et à gauche, servent de piédestaux à deux groupes également en pierre, qui représentent les victoires de la France, d'un côté sur l'Empire, de l'autre sur l'Espagne. Le premier est de Marsy, le second de Girardon.

A l'irrégularité des deux faces latérales de cette vaste place, s'est jointe encore celle d'une série de baraques qu'on a laissé bâtir du côté du midi, et d'un corps-de-garde construit à la suite par le gouvernement lui-même, sur les dessins de M. Trouard ; il est vrai que, pour en diminuer le mauvais effet, on lui a donné l'apparence d'une tente, ou plutôt de cinq tentes contigües, figurées par autant de pavillons et revêtues d'une peinture qui jouait la toile de coutil, avant d'avoir été dégradée par l'intempérie des saisons, au point d'être aujourd'hui presqu'entièrement effacée. Cette forme et ces peintures semblent indiquer des bâtimens provi-

8*

soires, destinés à n'avoir, comme les tentes, qu'une existence momentanée.

Les yeux peu satisfaits de cette place et du vieux château de Louis XIII, cherchent impatiemment celui de Louis XIV, et le cherchent en vain de ce côté, où l'unique objet qui les captive est le joli vaisseau de la chapelle du Roi, dont le comble, aussi riche de sculptures qu'élégant d'architecture, s'élève, sur la droite, à une hauteur imposante. On s'étonne de voir cet édifice à droite, et de ne pas remarquer son pendant à gauche ; on ne s'étonne pas moins de le voir entouré, masqué, serré presque dans tous les sens par le château même, dont il est le plus bel accessoire.

Si les premiers regards se portent vers ce petit temple, les premiers pas s'y dirigent naturellement, et c'est aussi la première chose qu'ont coutume de montrer aux curieux les indicateurs ; ils ne leur proposent pas même de s'arrêter devant la façade que nous venons de décrire.

Chapelle du Roi. Cette chapelle n'a pas de frontispice : du côté du couchant, où il devrait être placé, elle tient au château, elle y tient aussi du côté du nord; si bien qu'elle n'a de visible extérieurement que son chevet terminé en rond-point, et sa face méridionale, donnant sur l'espèce de ruelle ou de couloir qui la sépare de l'aile septentrionale des pavillons, sans parler du comble, que sa hauteur rend visible de tous les côtés. Des sculptures jadis dorées et des groupes en pierre le couronnent : 28 statues de la même matière, garnissent les balustrades qui l'entourent. Elles ont 9 pieds de haut et représentent avec les douze Apôtres, plusieurs Pères de l'Église, dont on ne distingue guère, par le double effet de la dégradation et de l'éloignement, ni les traits ni les attributs.

L'ordre corinthien règne, en pilastres cannelés et d'un très-beau fini, dans tout le pourtour extérieur. Le même ordre règne dans l'intérieur, où la plus jolie voûte du monde, après celle du ciel qu'elle représente, est supportée par les plus belles colonnes corinthiennes que je connaisse en France, après celles de la Maison-Carrée de Nîmes. Elles sont striées, avec des filets qui, régnant dans toute la longueur des cannelures, ajoutent beaucoup à leur délicatesse. Quoiqu'elles ne soient pas en marbre, elles ont été si bien exécutées en pierre de liais et de Tonnerre, et cette pierre, blanche comme le marbre, est d'un grain si fin et si pur, qu'elle ne jure pas du tout avec le magnifique marbre qui forme les appuis des balustrades dans les tribunes, non plus qu'avec celui des pavés.

Ces derniers, distribués en compartimens de diverses couleurs, sont si précieux, si brillans et si bien dessinés en mozaïque, qu'on ose à peine y poser les pieds ; mais où les poser ailleurs que sur le marbre, dans un temple entièrement pavé de cette riche matière tant dans le bas que dans les tribunes? Si les appuis des balustrades sont en beau marbre de brèche violette, les balustres sont en bronze doré. Les murs ont été enrichis de bas-reliefs en pierre, les autels de bas-reliefs en bronze; et tous ces ornemens traités avec autant de soin que l'orfévrerie la plus recherchée.

Cette chapelle a été successivement enrichie de toutes les productions des arts. A peine est-on entré qu'on se trouve comme ravi en extase : les yeux avides et incertains courent de chef-d'œuvre en chef-d'œuvre, sans savoir où s'arrêter, au milieu de tant d'objets brillans, qui semblent les captiver à l'envi. Tâchons d'en démêler cependant, et d'en faire connaître les principaux.

Nous avons déjà dit que la voûte de la nef représente le ciel : on y voit le Père éternel dans le séjour céleste, au milieu des nues, de sa gloire et de ses anges. Il nous a paru manquer de vigueur et d'illusion : le corps tombe et semble suspendu à la voûte. D'un autre côté, les nuages nous semblent trop nébuleux et trop sombres. Si le Dieu des Hébreux a pu se montrer au sein de la foudre et des orages, sur le mont Sinaï, ce n'est point ainsi qu'on doit se le figurer dans le ciel, au séjour de l'éternelle félicité. Ces peintures, admirables d'ailleurs, mais malheureusement restaurées, sont d'Antoine Coypel, ainsi que les deux figures en camaïeu, de Saint-Louis et de Charlemagne, placées aux deux extrémités de la même voûte, et les quatre Evangélistes, également en camaïeu, qu'on remarque dans les pendentifs (1).

---

(1) Les défauts que nous venons d'y relever sont

Celles de la voûte du chevet, au-dessus du maître-autel, représentent une Résurrection, par Lafosse, et celles de la tribune du Roi, à l'autre bout de la chapelle, une descente du Saint-Esprit, par Jouvenet. Elles sont aussi fort belles, tellement qu'il est difficile de juger entre les trois artistes lequel a le mieux réussi. Le petit plafond représentant un concert d'anges, en trois groupes, dans le fond du rond-point, au-dessus de l'orgue, et ceux des tribunes latérales, représentant les douze Apôtres, sont des deux Boulongues.

Dans les trumeaux de l'attique, au bas des archivoltes, on voit douze Prophètes, par Coypel; ils prédisent la venue du Messie; la prédiction est exprimée par un passage de leurs prophéties qu'on lit au bas.

Les peintures de la chapelle de la Vierge, au plain-pied des tribunes, sont autant d'ouvrages de Boulongne le jeune, et autant de

probablement ceux du peintre restaurateur, qui aura trop forcé les accessoires aux dépens du principal.

chefs-d'œuvre, particulièrement celles de la voûte, qui représentent une Assomption. Il est impossible de donner à Marie plus de grâce, plus de noblesse et plus de divinité. Elle n'est pas suspendue, elle quitte la terre; elle ne monte pas, elle vole vers les cieux. Les quatre pendentifs sont des Anges portant les attributs que l'on donne à la Vierge, dans les litanies; et le tableau de l'autel, une Annonciation. Sur le rétable, entre le tableau et l'autel, est un excellent bas-relief en bronze, par Coustou, représentant la Visitation.

À côté de cette chapelle, dans la tribune du nord, qui lui donne entrée, est un autre autel, celui de Sainte Thérèse: on y remarque au rétable un tableau où Santerre a peint cette sainte percée par un ange d'une flèche miraculeuse, qui l'embrase de l'amour divin, et sur le devant de l'autel, un bas-relief en bronze, représentant la mort de la sainte.

On ne doit point quitter les tribunes sans voir, dans celle du Roi, les deux meilleurs de tous les bas-reliefs dont les murs sont enrichis, savoir, la Circoncision, par Poirier, et Jésus au milieu des docteurs, par Coustou.

Dans les bas côtés qui régnent sous ces tribunes ont été placés, aux embrasures des croisées, faute de chapelles, des autels qui, tout brillans de marbres précieux et de dorures, sont enrichis, au rétable, de reliefs en bronze de la plus grande beauté. Le premier, à droite, est celui de Sainte Adélaïde, qui fait ses adieux et des présens à St. Odillon, abbé de Cluny. C'est un chef-d'œuvre d'Adam l'aîné, suivant les uns, de Coustou jeune, suivant les autres.

Le second, qui n'est pas aussi bien traité, représente Sainte Anne montrant à lire à la Vierge; il est attribué à Vinache.

Le troisième, placé à la naissance du rond-point, ne le cède pas au premier; il représente Saint Charles Borrhomée demandant à Dieu, dans une procession solennelle, la cessation de la peste qui affligeait la ville de Milan : il est attribué à Bouchardon.

L'autel du Sacré-Cœur, qui occupe le milieu de ce rond-point, n'a pas le même genre d'ornement; mais il est revêtu de marbres précieux, et construit d'après les dessins de Gabriel. On n'y voit plus, sur le tabernacle, le superbe crucifix d'ivoire envoyé par Auguste, roi de Pologne, au Dauphin, son gendre, père de Louis XVI: il a été donné par Buonaparte, après son couronnement, au pape Pie VII. Derrière le maître-autel, en face de celui du Sacré-Cœur, est un tableau de la Cène, par Sylvestre.

De l'autre côté du rond-point, l'autel de Saint Philippe, correspondant à celui de Saint Charles Borrhomée, est décoré d'un excellent bas-relief en bronze, que les uns attribuent à Coustou, les autres à Adam l'aîné; quoi qu'il en soit, le martyre de ce saint y est rendu avec une effrayante vérité.

Dans le bas-côté du nord, au-dessous de la chapelle de la Vierge, dont nous avons déjà parlé, est celle de Saint Louis. On peut les regarder comme les deux seules chapelles proprement dites que renferme cette église, puisque les autres autels sont tous placés dans des embrasures de fenêtres. Cette dernière chapelle se recommande aux amateurs par un tableau fort estimé, où Jouvenet à peint Saint Louis pansant lui-même les blessés, après la bataille de Massoure; et par un bas-relief en bronze, placé sur le devant de l'autel, qui représente le même roi servant des pauvres à table; il est attribué à Poirier.

Un dernier autel, celui de Sainte Victoire, qui est le premier à gauche en entrant, nous offre, au rétable, le plus beau de tous les bas-reliefs en bronze que nous ayons admirés jusque-là; il est d'Adam le jeune, et représente la sainte qui se laisse égorger par le grand-prêtre de Jupiter, plutôt que de sacrifier à ce dieu des païens. On y voit l'autel antique avec le mot *Jovi*, un taureau qu'on se prépare à immoler, l'aigle de Jupiter à un coin du tableau, entre deux pieds qui semblent sortir du cadre, et qu'on juge être ceux du dieu, mais qui font un singulier effet, sans le reste du corps.

Quoique la richesse du maître-autel ne réponde pas tout-à-fait à celle du reste de l'église, ce serait omettre le principal que de ne point en parler. Très-simple de forme, il a été dessiné par Gabriel. Les deux anges adorateurs, la gloire, le triangle mystérieux et les chérubins en bronze doré, ainsi que les autres ornemens de sculpture qui le décorent, sont de Coustou.

Nous bornerons ici les détails de la chapelle du Roi, dont nous avons passé un grand nombre sous silence, afin de ne pas fatiguer l'attention de nos lecteurs. Les employés du château ont coutume de n'introduire les étrangers que dans la tribune royale, qui est la place d'où l'on peut mieux saisir l'ensemble ; mais, pour les détails, il faut parcourir l'église dans toutes ses parties, comme nous venons de le faire.

A la richesse de l'architecture et de la peinture, à l'éclat de la dorure et du marbre qui décorent avec tant de profusion cette chapelle, se joignent encore la richesse et l'éclat des vitraux en glace qui l'éclairent. Leur forme cintrée et leur grande dimension ajoutent à leur beauté.

L'admiration est telle, à la vue de tant de magnificence, qu'on ne peut se défendre d'un sentiment tout opposé pour le jugement de Voltaire, en songeant à ce qu'il a dit dans son *Temple du Goût*, afin de rehausser l'idée qu'il veut donner de ce temple merveilleux :

« Il n'a rien des défauts pompeux
De la chapelle de Versaille,

> Ce colifichet fastueux,
> Qui du peuple éblouit les yeux,
> Et dont le connaisseur *se raille*.

Ne donne-t-il pas plus de prise lui-même à la raillerie, par le mauvais goût que décèle, en assez mauvais vers, une pareille opinion? Elle montre jusqu'à quel travers d'esprit peut conduire la manie de la critique. Soyons sévères dans nos jugemens, mais soyons justes avant tout : la critique, lorsqu'elle manque soit de justice, soit de justesse, retombe sur son auteur, qui se critique alors lui-même, sans le vouloir. La chapelle de Versailles est un objet, non de *raillerie*, mais d'admiration, pour tous les connaisseurs. C'est le dernier ouvrage de Jules-Hardouin Mansard, qui n'a pu le voir finir avant sa mort.

Commencée en 1699, elle fut achevée en 1710, époque bien postérieure à la terminaison du château; ce qui rappelle qu'elle avait été oubliée par le monarque et par l'architecte. On n'en avait ni marqué ni laissé la place; on l'adossa, comme on put, à l'aile septentrionale, d'où elle ressort comme un véritable hors-d'œuvre.

La première intention de Louis XIV était qu'elle fût toute en marbre ; somptuosité que peuvent se permettre impunément les plus petits souverains de certaines contrées de l'Italie, mais qui aurait coûté des sommes énormes à la France, déjà épuisée par la construction du château et par les guerres. Les ministres n'osant s'y opposer, s'adressèrent à madame de Maintenon, toute puissante auprès du monarque. Pour le persuader, elle usa d'adresse, en lui représentant que ses médecins avaient assuré qu'une chapelle de marbre serait glaciale dans notre climat, et très-dangereuse pour la santé de Sa Majesté ; elle le conjurait en conséquence, pour ne pas compromettre une santé si chère, de renoncer à son projet ; et la chapelle fut construite en pierre de liais.

Après avoir payé un juste tribut d'admiration à cet édifice, nous accorderons pourtant à Voltaire qu'il n'est pas exempt de défauts : d'abord les proportions en sont vicieuses, la nef, n'ayant, sur 105 pieds de long, que 42 pieds de large, non compris les bas côtés qui en ont 9, et les piliers qui en ont 3. Nous ajouterons que cette forme oblongue est loin de valoir l'élégante croix grecque de la chapelle du collége, et que l'architecte de celle du Roi n'a pas péché moins contre les lois de la symétrie que contre celles des proportions, lorsqu'il a construit sur la face septentrionale, une petite chapelle en saillie, qui n'a pas sa correspondante du côté opposé. Mais ces défauts sont rachetés par tant de beautés, qu'ils échappent aisément à l'attention.

Au sortir de cette église, il convient d'arrêter un instant nos lecteurs dans le vestibule d'entrée, pour leur faire remarquer, en passant, combien il est inférieur à ceux du Louvre, quoique pavé en marbre, et combien le célèbre Puget est inférieur à lui-même, dans le bas-relief où il a voulu représenter Alexandre devant le tonneau de Diogène. Le sujet est heureusement choisi, heureusement exécuté quant à la sculpture, mais bien mal réussi quant à la composition : on n'y reconnaît que le ciseau, et non le génie du grand sculpteur. Cette main de Diogène, tendue vers le conquérant de l'Asie, a l'air de lui demander l'aumône, au lieu de l'inviter fièrement à s'ôter de devant son soleil. Cette tête d'Alexandre n'est pas celle dont les statues et médailles nous ont transmis les traits. Celle de son Bucéphale n'est qu'une tête de poulain ; et ce chien, qu'on prendrait à sa forme pour un lion, et qu'une main nerveuse cherche à retenir, pour l'empêcher sans doute de s'élancer sur le pauvre philosophe, ne va-t-il pas droit à lui, s'il cède à la chaîne qui le tire avec force de ce côté?

« *Quandoquè bonus dormitat Homerus* »

Nous venons de voir que c'est au bout de l'aile septentrionale du château qu'a été placée la chapelle ; c'est à l'autre extrémité de la même aile qu'a été construite, sous le règne suivant, la salle de l'Opéra.

Salle de l'Opéra.

Cette salle, commencée en 1753, d'après les plans de Gabriel, et achevée en 1770, pour le mariage de Louis XVI, alors Dauphin, prouve que les grands artistes et les chefs-d'œuvre ne sont pas l'apanage exclusif du siècle de Louis XIV. C'est une des plus belles et des plus grandes de l'Europe. Elle peut contenir 3,000 personnes ; sa longueur, partagée en deux parties égales par le rideau, est de 144 pieds, depuis le fond de l'amphithéâtre jusqu'au fond du théâtre, sa largeur de 60, sa hauteur de 50; 14 colonnes ioniques, cannelées et dorées, séparent les loges en douze balcons, dont les balustres sont également dorés, ainsi que tous les ornemens. Les peintures imitaient les marbres les plus précieux, et jusqu'aux pierreries; à leur éclat et à celui des dorures, se joignait encore celui des glaces qui les répétaient.

Le plafond, peint par Durameau, représente Apollon, Vénus et l'Amour qui préparent des couronnes, le cheval Pégase s'élevant dans les airs, la comédie, la tragédie et la musique, la poésie pastorale, la poésie lyrique et la danse. On aperçoit, d'un côté, des artistes et des auteurs se livrant à l'étude; de l'autre, la peinture, l'architecture et la mécanique, avec leurs attributs.

« Nous avons vu cette salle, dit l'un des auteurs qui l'ont décrite avant nous, éclairée par dix mille bougies. Les glaces, les lustres, les belles peintures et la dorure, répandus avec profusion, produisaient un effet merveilleux. Chaque fois qu'on y jouait un grand opéra, la dépense était de plus de 100,000 francs ».

Nous n'avons pas eu nous-mêmes le bonheur de jouir de ce magnifique spectacle; où j'ai peine à croire que dix mille bougies pussent trouver leur place; mais il avait vraiment, d'après tous ceux qui l'ont vu, quelque chose qui tenait de l'enchantement. Tel en était l'éclat, qu'il éclipsait les toilettes les plus brillantes, et que les yeux ne pouvaient le soutenir sans en être éblouis.

On conçoit difficilement une dépense de 100,000 francs par représentation : ce qu'il y a de sûr, c'est que Louis XVI, d'après l'esprit d'économie qui le dirigeait, en permit fort peu durant son règne [1].

Cette salle d'opéra se changeait en salle de bal pour les fêtes de la cour; c'est dans cet état qu'elle a été surprise par la révolution; et qu'elle est restée depuis; c'est aussi dans cet état qu'elle brillait de toute sa magnificence. Son étendue alors est plus que doublée par celle du théâtre, qui, débarrassé de

---

[1] Il existe, pour les spectacles ordinaires de la cour, une très-petite salle, située dans l'aile nord des pavillons : on ne la montre pas, parce qu'elle n'a rien de curieux.

ses coulisses, offre un pourtour de 24 colonnes ioniques. Elles sont séparées de celles de la salle par huit magnifiques colonnes corinthiennes, placées des deux côtés de l'avant-scène : le parterre est couvert d'un plancher, nivelé avec celui du théâtre. Le dernier bal a été celui qui eut lieu à l'occasion du fameux repas donné par les gardes du corps aux officiers du régiment de Flandre.

Il est malheureux que tant de pompe, tant de richesses et tant de frais soient perdus. Cette somptueuse salle ne sert plus depuis long-temps ni à l'une ni à l'autre de ces deux destinations, et n'est montrée aux curieux que comme ces vieux monumens dont on court admirer la conservation, et plus souvent les ruines. Elle ne tardera pas à se présenter elle-même sous ce dernier et triste aspect, si elle continue à rester dans l'abandon où nous la voyons depuis plus de trente ans : construite presque de nos jours, c'est déjà une antiquité.

L'extérieur de cette salle est nul des deux côtés du midi et du couchant, qui sont contigus au château ; la face du levant, qui donne sur la rue des Réservoirs, n'a que de la noblesse. Le côté du nord, sa véritable façade, est masqué, jusque vers le milieu de sa hauteur, par le massif du réservoir destiné à fournir les eaux du parc. C'est au-dessus de la plate-forme, ou plutôt du niveau des eaux du réservoir, que commencent les ornemens d'architecture. Ils consistent en un fronton grec et un péristyle de six colonnes, qui sont d'ordre ionique, comme toutes celles du château. On ne distingue qu'imparfaitement cette façade, soit de la rue des Réservoirs, soit de la partie des jardins qui l'avoisine du côté opposé. Pour bien la voir il faut se placer sur la plate-forme qui entoure le bassin. Cette promenade aérée et charmante par le coup-d'œil dont on y jouit, était fréquentée de Mesdames de France, qui aimaient à prendre le plaisir de la pêche, à l'hameçon, dans les eaux du réservoir, élevées à 30 pieds au-dessus du sol. Elles sont alimentées par le Château-d'Eau qu'on voit tout près de là, dans la rue des Bons-Enfans; lequel est alimenté lui-même par les bassins de la butte de Montbauron.

Quand on a vu la chapelle et l'opéra, on a tout vu dans l'aile septentrionale du château, je veux dire tout ce qu'elle a de vraiment curieux ; le reste est composé d'appartemens où sont logés le gouverneur du château, les officiers supérieurs et les gens de la maison du Roi. Le grand escalier en pierre de taille par lequel on monte au premier étage, serait, partout ailleurs qu'au palais de Versailles, cité pour sa hardiesse réunie à la solidité.

Arrivé à cet étage, on trouve une autre galerie qui, comme celle du rez-de-chaussée, parcourt l'aile dans toute sa longueur. La première conduit de la chapelle à l'opéra; la seconde, des loges de l'un aux tribunes de l'autre. La salle qui forme le vestibule de ces tribunes, n'est pas sans beauté, quoique sans peinture, sans autres dorures que les moulures des portes, et sans autre marbre que celui dont elle est pavée ; mais on y voit de fort belles colonnes corinthiennes en pierre blanche, comme celle de la chapelle, deux statues en marbre blanc, *la Magnanimité*, par Rousseau, et *la Gloire*, par Vassé, et des reliefs précieux au-dessus des portes, ainsi qu'aux encoignures du plafond.

GRANDS APPARTE-MENS.
Ce vestibule est aussi celui des Grands partemens, qui commencent par le salon

d'Hercule, ainsi nommé parce que le plafond représente l'apothéose de ce demi-dieu. C'est la plus vaste composition qui existe en peinture (d'après ses dimensions prodigieuses de 64 pieds de long, sur 54 de large), et le chef-d'œuvre de Lemoine, qui a mis cinq ans à l'exécuter. Il l'exposa, pour la première fois, aux regards de Louis XV et du public, le 26 septembre 1736. *Salon d'Hercule.*

Une heure entière suffit à peine pour en saisir l'ensemble et les détails. Les dieux et les déesses de la mythologie s'y trouvent réunis sans confusion, et caractérisés par leurs attributs distinctifs. Les figures, au nombre de 142, sont si avantageusement groupées et si bien détachées du fond, qu'en les examinant attentivement, on se laisse entraîner au charme de l'illusion : j'ai cru assister à la réception d'Hercule dans l'Olympe : on y voit le héros aux larges épaules, aux nombreux exploits, au courage indompté, laissant sur la terre la fierté qui le caractérise, s'avancer avec une noble modestie, sentiment convenable à sa nouvelle position, vers la jeune Hébé que Jupiter lui offre pour épouse.

Ce maître des dieux nous paraît le personnage le moins bien exécuté : pour le placer au haut du ciel, sur le dernier plan de son tableau, et lui donner des formes plus célestes, en les rendant plus aériennes, l'artiste lui a refusé le coloris vigoureux et les grandes proportions qui nous semblent convenir au *Deo optimo maximo* des anciens. Ainsi, le principal personnage, celui qui seul avait le droit d'effacer tous les autres, à l'exception peut-être d'Hercule, qui devait avoir aussi son ton de vigueur particulier, se trouve effacé lui-même par les Dieux qui l'entourent.

L'idée de ce plafond, qui nous représente, dans l'Olympe, Jupiter et toute sa cour, a pu être suggérée à Lemoine par le ciel que Coypel avait peint, avec tant de succès, à la voûte de la chapelle, en méritant toutefois le même reproche que nous venons de faire à Lemoine; c'est-à-dire que, faute de vigueur et de coloris, le Père éternel de l'un semble n'être qu'ébauché, comme le Jupiter de l'autre. Les auteurs nous apprennent que Lemoine a voulu exprimer, par ce trait de la mythologie mis en scène, une grande pensée morale qui peut bien échapper à l'attention de plus d'un amateur, savoir : « *Que la vertu élève l'homme au-dessus de lui-même, lui fait surmonter les travaux les plus difficiles, et le conduit à l'immortalité.* »

Ainsi le même vestibule qui nous introduit en même temps dans la chapelle du Roi et dans le salon d'Hercule, semble nous admettre, d'un côté, dans la cour céleste du Dieu des Chrétiens, de l'autre, dans celle des dieux de la fable : rapprochement assez piquant, auquel on ne paraît pas avoir fait attention jusqu'ici.

Malgré le mérite qui le distingue, ce tableau de Lemoine n'est ni le premier remarqué, vu qu'on ne pense pas d'abord à regarder au-dessus de sa tête, ni le plus remarquable, auprès de celui de Paul Véronèse, placé vis-à-vis de la porte d'entrée. C'est un des meilleurs ouvrages de ce chef de l'école vénitienne. Il représente Jésus-Christ chez Simon le pharisien, et la femme pécheresse à ses pieds, qu'elle arrose de larmes. Les personnages, au nombre de 43, y sont si détachés et si distincts, les contours si bien marqués, qu'on a peine à y reconnaître les accessoires; ils offrent tous le même fini, le même relief; rien n'y paraît sacrifié. Le fond et le coloris ont le ton de vigueur et de majesté qui caractérise toutes les productions de Paul Véronèse.

Ce beau tableau était dans le couvent des Servites de Venise. Louis XIV le leur fit demander. Ils s'obstinèrent à refuser les sommes considérables qu'il leur en offrait, et s'en repentirent bientôt : le sénat, informé du désir de Louis XIV, fit enlever le tableau, pour l'offrir en hommage au monarque.

On dit qu'il est question de l'enlever encore au château de Louis XIV, pour le placer au Musée de Paris, où il serait fort bien sans doute ; mais il est si bien et depuis si long-temps à la place qu'il occupe ! Respectons les intentions de nos pères, comme l'a fait le grand Roi, en conservant le château de Louis XIII, et ne dépouillons pas un palais pour un autre palais, une ville pour une autre ville.

Sur la cheminée qui est en face de ce tableau, on en voit un autre du même maître, qui a pour sujet Rebecca recevant de la main d'Eliézer (1) les présens d'Abraham. Lemoine disait souvent, en peignant son plafond: On me donne de redoutables voisins, je n'ai qu'à bien me tenir.

Les bordures des deux tableaux de Paul Véronèse sont sculptées par Vassé, et encastrées dans le marbre dont est formé le revêtement du salon, ce qui l'a fait nommer également *salon de marbre* ou *salon d'Hercule*. Vingt pilastres de marbre de Rance, dont les bases et les chapiteaux corinthiens sont d'or moulu, y soutiennent une large corniche, dorée de même, qui encadre le plafond.

Ce salon a servi de chapelle, sous Louis XIV, jusqu'en 1710, époque où la chapelle du Roi fut terminée. Il était très-simple d'abord; on n'a pensé à le décorer qu'en 1729: c'est aujourd'hui une des pièces les plus riches du château quant aux ornemens, et la plus riche de toutes quant aux peintures,

---

(1) *Eliézer*, et non *Eléazar*, comme on le lit dans le Dictionnaire des environs de Paris, par M. Dulaure.

non pour la quantité, mais pour le mérite des tableaux.

Salle de l'Abondance.

Du salon d'Hercule nous passons dans celui de l'Abondance, portant, comme la pièce qui précède et comme toutes celles qui suivent, le nom du sujet peint au plafond. C'est ici que nous quittons l'aile septentrionale du château, pour pénétrer dans le corps du bâtiment principal, dont nous allons parcourir d'abord, en suivant la marche la plus ordinaire, le côté du nord, consistant en une enfilade de sept pièces, qui commence par celle où nous sommes.

Une couronne et un sceptre d'or, avec une corne d'abondance, caractérisent le personnage principal de ce plafond : deux autres l'accompagnent, dont les attributs incertains sont diversement et assez mal expliqués par les auteurs. Ce sont deux femmes, dont l'une, portant un manuscrit de papyrus, avec des hiéroglyphes, une pyramide et une palme, ne nous paraît indiquer autre chose que l'Égypte, au lieu de la libéralité ou de l'immortalité qu'on a voulu y trouver. L'autre femme, à laquelle le peintre a donné des ailes et une espèce de plateau, où l'on remarque un marteau, un compas et un crayon, paraît caractériser l'architecture. La galerie feinte qui entoure ce tableau est enrichie de personnages et de draperies, qui pourraient mériter l'honorable reproche d'être plus soignés que le sujet principal. Tout ce bel ouvrage est d'Houasse, élève de Lebrun. Le marbre ne se montre dans cette salle qu'aux lambris, chambranles et dessus de portes. Les murs, dépouillés de leurs tentures, sont en ce moment cachés sous des tableaux, qui, susceptibles d'être déplacés, ne sauraient figurer dans cette description. Les employés du château n'en laissent pas ignorer les sujets aux curieux, non plus que les auteurs, lorsqu'ils sont connus. Toutes les autres salles, qui étaient de même ornées de tapisseries, sont également converties aujourd'hui en autant de petits muséums.

En quittant la salle de l'Abondance, nous entrons dans celle de Vénus, dont le plafond est peint aussi par Houasse. On y voit cette déesse sur un char d'or, attelé de deux colombes : des guirlandes leur servent de traits ; elles ne tirent point, elles ne volent point, elles voltigent. On regrette que le peintre

<small>Salle de Vénus.</small>

ne leur ait pas donné un ton plus vigoureux
et qu'elles ne soient pas blanches, au lieu
d'être d'un gris foncé qui, se confondant avec
celui des nuages, les rend si peu apparentes
qu'on est réduit à les chercher des yeux. Je
ne les ai moi-même découvertes qu'avec peine,
bien qu'averti de leur présence par les descriptions de Piganiol et autres. La déesse est
soutenue par un cygne, et couronnée par les
trois Grâces. Jupiter, Mars, Neptune, Bacchus, Vulcain, etc., ornent son triomphe ;
les amans les plus célèbres de l'histoire et
de la fable, Titus et Bérénice, Antoine et
Cléopâtre, Jason et Médée, Thésée et Ariane,
sont les sujets peints aux quatre encoignures
du plafond. On s'étonne de ne pas voir dans
le nombre Hercule et Omphale.

Les quatre tableaux qui accompagnent ce
plafond sont du même Houasse et autres
élèves de Lebrun. Le premier, en face des
fenêtres, représente Nabuchodonosor faisant élever les jardins de Babylone à la hauteur
des montagnes de Médie, « pour plaire (dit-on)
à Sémiramis, sa femme, qui était Mède » (1).

---

(1) C'est ainsi qu'on le lit dans la Description de

Le second est Alexandre épousant Roxane ; le troisième, Cyrus faisant passer son ar-

---

Piganiol, copiée par toutes celles qui ont été publiées depuis. Ces auteurs n'ont pas plus aperçu les uns que les autres l'anachronisme de la co-existence de Sémiramis avec un prince qui n'a paru sur la scène du monde qu'environ 15 siècles après. Suivant Bérose et Diodore de Sicile, on attribue mal-à-propos à cette reine les jardins suspendus de Babylone. Comme ils ont été mis pourtant sur son compte, et qu'ils portent même son nom, le peintre, ou plutôt son interprète, indécis entre elle et Nabuchodonosor, à qui ils sont plus généralement et plus justement attribués, a trouvé convenable, sans doute, de trancher la difficulté, en mariant ensemble ce roi et cette reine, malgré l'énorme disproportion d'âge qui s'opposait invinciblement à une pareille union. Pour expliquer la contradiction, et mettre les historiens d'accord entre eux, j'avais trouvé convenable moi-même de supposer qu'au bout de 1,500 ans les jardins de Sémiramis tombaient en ruine, ou n'existaient plus, et que Nabuchodonosor les aurait rétablis, embellis, et peut-être élevés à une plus grande hauteur qu'auparavant.

Enfin, j'ai reconnu la cause de cette erreur historique dans la confusion du nom de Sémiramis

mée en revue devant une princesse, pour lui procurer ce spectacle; le quatrième, Auguste donnant au peuple romain le plaisir

avec celui d'Amytis, princesse mède, que Rollin nous donne pour l'épouse de Nabuchodonosor, bien que Bérose et Josèphe, qu'il cite, nous laissent ignorer le nom de cette princesse, en parlant des jardins que le roi son époux fit élever pour lui complaire. Voici le passage de Rollin :

« Amytis, femme de Nabuchodonosor, ayant été
« élevée dans la Médie, (*Béros apud Joseph cont.*
« *App. L.* 1, *C.* 6) dont Astyage, son père, était
« roi, s'était beaucoup plue aux montagnes et
« aux forêts de ce pays là ; et comme elle souhai-
« tait d'avoir, à Babylone, quelque chose de sem-
« blable, Nabuchodonosor, pour lui complaire, fit
« construire ce prodigieux édifice. Diodore dit à
« peu près la même chose, mais ne nomme pas les
« personnes ».

Bien loin de dire la même chose, Diodore, que nous avons également consulté, attribue les jardins suspendus à un roi syrien (ou plutôt nommé Syrius), en faveur d'une courtisane qui était de la Perse, et qu'il ne nomme pas.

Quant au passage de Bérose, rapporté par Josèphe : en voici le texte : « Pour complaire à la de la course du cirque. On conçoit le rapport des trois premiers tableaux avec la déesse de Cythère ; mais qu'y a-t-il de commun entre cette déesse et le spectacle des courses de char donné au peuple romain ?

Une niche où était jadis une statue de Cincinnatus, non moins déplacée auprès de la mère des amours, devait recevoir la statue

---

« reine, son épouse, qui avait été élevée dans les
« montagnes de la Médie, et aimait à voir des ob-
« jets qui lui en rappelassent la mémoire, il (Na-
« buchodonosor) fit élever, dans ce palais, de
« hautes terrasses, formées de piles posées les unes
« sur les autres, en sorte qu'elles figurassent des
« montagnes, et les fit garnir d'arbres de toute es-
« pèce, avec tant d'art qu'elles présentaient l'idée
« d'un jardin suspendu en l'air. »

Il ne faut pas conclure du silence qu'ont gardé ces auteurs sur le nom de la princesse, que Rollin l'ait imaginé lui-même ; il l'aura vu sans doute ailleurs. Je n'ai pas cru devoir pousser plus loin mes recherches historiques, satisfait d'avoir trouvé dans une grave erreur de nom, l'explication de l'anachronisme, plus grave encore, transmis par Piganiol à tous ses copistes.

de cette déesse, et l'exécution en était confiée au ciseau de feu M. Dupati. J'ignore si ce grand artiste l'a terminée avant de mourir, mais elle n'est point venue remplir la place qui lui était destinée. La statue qu'on y voit aujourd'hui est celle du duc d'Enghien (exécutée en marbre blanc) par M. Bosio; sujet plein d'intérêt et de douloureux souvenirs, mais non moins déplacé que la statue de Cincinnatus dans cette salle.

On y voit deux belles perspectives, par Rousseau, homme d'un mérite rare pour ce genre de peinture, qui l'a rendu moins célèbre en France qu'en Angleterre où il est mort [1].

On ne doit pas quitter cette magnifique salle, sans y admirer les revêtemens, lambris et colonnes de marbre précieux, les corniches et sculptures dorées dont elle est en-

---

[1] Ce n'est pas sans quelque vanité nationale, que j'ai vu à Londres les plus belles peintures de perspective dont cette ville puisse se vanter, celles du Muséum britannique (l'hôtel Montaigue), exécutées par un Français, et ce Français était Rousseau.

richie avec profusion; car nous ne saurions imiter le silence que gardent tous les auteurs sur cette partie essentielle des ornemens répandus dans l'intérieur du château de Versailles.

A la salle de Vénus succède celle de Diane, non moins ornée de marbre, de sculptures et de dorures. Cette déesse, qui préside à la chasse, à la pêche et à la navigation, est représentée au plafond, assise au milieu du disque de la lune, sur un char tiré par deux biches, et accompagnée des Heures, qui ont de petites ailes; une femme tient un filet à prendre des oiseaux, une autre le gouvernail d'un navire.

Salle de Diane.

Dans les quatre cintres qui accompagnent ce plafond, ouvrage de Blanchard, sont autant de tableaux représentant, l'un, César qui envoie des colonies à Carthage; le second, Cyrus, encore jeune, qui attaque un sanglier; le troisième, Jason abordant à Colchos, pour conquérir la toison d'or; et le quatrième, Alexandre chassant au lion. Les deux premiers sont d'Audran; et les deux derniers, de Lafosse, qui a peint aussi sur la cheminée le tableau représentant Iphigénie, au moment où Diane fait paraître une biche pour être immolée à sa place. Au-dessous est un petit bas-relief de Jacques Sarrasin, qui représente la Fuite en Egypte. Il est en marbre et fort estimé. En face du tableau d'Iphigénie, est celui de l'enlèvement d'Orithie, peint par Verdier; et en face des fenêtres, le beau buste de Louis XIV, exécuté par le Bernin, en marbre blanc (1).

Salle de Mars. Dans la salle de Mars, qui est à la suite, ce dieu est peint au milieu du plafond, sur un char tiré par des loups. Des Cyclopes fournissent des armes aux Génies de la guerre prêts à le suivre. Dans le fond, d'autres Génies renversent Saturne et lui arrachent sa faulx; l'Histoire écrit derrière, sous la dic-

---

(1) « On dit que Louis XIV accorda de fréquentes séances pour cet objet, et qu'il se plaisait à faire causer l'artiste. Un jour S. M. posa pendant une heure entière; Le Bernin, fier d'une aussi grande faveur, s'écria, en jetant ses outils : *Miracle! un grand roi, jeune et Français, a pu rester une heure tranquille* ». (Documens authentiques sur les dépenses de Louis XIV, par M. Gabriel Peignot, Paris, 1827).

tée de la Renommée : ce tableau est d'Audran. On en voit encore deux aux extrémités du même plafond ; l'un, par Houasse, est un groupe allégorique tout-à-fait inexplicable, quand on ne sait pas ce qu'il représente, et tout-à-fait absurde, quand on le sait (1). Dans l'autre, Jouvenet a peint la Victoire soutenue par Hercule. Elle est accompagnée de l'Abondance, de la Paix et de Génies qui semblent jouer avec des lauriers et une couronne.

Nous passons sous silence des tableaux et dessus de portes susceptibles d'être changés, pour admirer aux quatre angles, les magnifiques reliefs dorés qui ont pour sujet les quatre nations vaincues, et parmi les ornemens du

---

(1) J'en appelle à l'explication donnée par le bon Piganiol, et répétée par tous ses successeurs : « *C'est la Terreur, accompagnée de la Fureur et de l'Ire, qui poussent la Crainte et la Pâleur pour épouvanter les Puissances de la terre :*» Qu'on juge ce qu'un pareil galimatias peut signifier en peinture. Pourquoi les peintres qui ne savent qu'exécuter n'invoquent-ils pas le secours de quelque génie créateur ?

fond, six beaux tableaux fixes en camaïeu. Dans l'un c'est Jules César haranguant ses soldats; dans le second, Marc-Antoine qui récompense un de ses officiers; dans le troisième Alexandre Sévère, réprimant, à la tête de l'armée romaine, la révolte d'une légion; dans le quatrième, un triomphe de Constantin; dans le cinquième, Cyrus faisant la revue de son armée, et dans le sixième, Démétrius commandant un assaut. Les deux premiers sont de Jouvenet, les deux suivans d'Houasse, les deux derniers d'Audran.

Salle de Mercure. La salle de Mercure nous représente ce dieu peint au plafond, sur un char tiré par des coqs. Ses cheveux tombent en longs anneaux plutôt jaunes que blonds, et n'ont rien de cette légèreté aérienne qu'on doit supposer à la chevelure des dieux, surtout quand ils sont dans les airs (1). Derrière le

---

(1) Ce défaut ne doit pas être attribué au peintre, mais à son restaurateur, sur le compte duquel on ne peut mettre cependant le ton de pesanteur qui règne dans tout le personnage de Mercure, de manière à rendre méconnaissable le rapide messager de Jupiter.

char est la Vigilance, sous la figure d'une femme accompagnée d'une grue; le Point du Jour le précède; les Arts et les Sciences, symbolisés par une foule de Génies, l'accompagnent. Ce plafond a été peint par Philippe de Champagne sur les desseins de Lebrun.

Les quatre grands tableaux qui décorent les quatre côtés de cette salle, sont également de Champagne. Dans l'un, c'est Alexandre le Grand qui se fait présenter des animaux destinés à enrichir l'Histoire naturelle de son maître Aristote. Dans un autre, c'est le même prince qui donne audience aux philosophes indiens, nommés gymnosophistes. Dans le troisième, c'est Ptolomée qui s'entretient avec des savans; et dans le quatrième, Auguste recevant à Samos les ambassadeurs des Indes, pour conclure avec eux un traité d'alliance. Ils lui présentent des tigres et des vases remplis de perles et de corail.

Les riches ornemens dorés, les sculptures, les guirlandes, les corniches, les reliefs, surtout les encoignures du plafond, concourent à la magnificence de cette salle, dont les murs, non revêtus de marbre, sont cachés sous des tableaux mobiles.

Salle d'Apollon. La sixième salle est celle d'Apollon, jadis Salle du trône. Ce Dieu a été peint au plafond par Lafosse, sous la figure d'un enfant. En voyant, pour la première fois, Apollon avec des formes enfantines, j'ai cru reconnaître d'abord le fils de Vénus, et je cherchais encore le dieu du jour, lorsqu'enfin il a bien fallu reconnaître ce dernier à son char, traîné sur les nuages par quatre coursiers : les quatre Saisons, figurées par Flore, Cérès, Bacchus et Saturne, l'accompagnent. La France et la Magnificence sont assises auprès du char.

Les tableaux des quatre côtés sont : Auguste, qui fait faire un port à Misène; Vespasien, qui fait bâtir le Colysée de Rome; Coriolan, qui se laisse fléchir par sa mère et les dames romaines; enfin Alexandre, qui s'entretient avec Porus, roi des Indes; ils sont de Lafosse, comme ceux des quatre encoignures, qui représentent les quatre parties du monde.

Le tout est magnifiquement encadré : riches moulures, brillantes dorures, superbes reliefs, guirlandes, enroulemens de feuillage; on dirait que les accessoires de ce plafond cherchent à disputer le prix de la beauté aux peintures qui en sont l'ornement principal. Cette pièce, dépouillée de ses tentures, comme la précédente, est tapissée de même de tableaux mobiles.

La septième salle est celle de la Guerre. Le plafond en est ovale et peint par Lebrun. Il représente la France portant sur un bouclier le médaillon de Louis XIV, pour marquer que c'est à lui qu'elle est redevable de ses victoires. Elle foudroie l'Allemagne, la Hollande et l'Espagne, placées dans trois cintres au-dessous du plafond. Dans le quatrième est Bellone en fureur, sur un char traîné par des chevaux fougueux, qui foulent aux pieds des hommes et des armes entassés. La Discorde la suit, embrasant, avec ses torches, des temples et des palais, pendant que la Charité s'enfuit, sous la figure d'une femme éplorée, qui tient un enfant dans ses bras; la balance de la justice et les vases sacrés sont à ses pieds. Des hommes effrayés expriment la terreur que répand au loin le fléau de la guerre.

Salle de la Guerre.

Après les peintures du plafond et des cintres, ce qu'on remarque avec le plus de plaisir dans ce salon, est un grand bas-relief ovale, de 12 pieds de haut, renfermant une figure équestre de Louis XIV, qui forme, avec tous ses accessoires, un magnifique groupe. On s'étonne de le voir exécuté en plâtre, dans une salle où le marbre a été tellement prodigué, qu'elle en est presque entièrement revêtue, et où tous les ornemens sont de cette précieuse matière, lorsqu'ils ne sont pas en bronze et en dorure, comme les encadremens, les corniches, les trophées, les foudres, etc. On apprend qu'il avait été modelé en plâtre par Desjardins, pour être exécuté en marbre par les deux Coustou. Tel qu'il est, on l'admire : c'est le plus beau morceau de plâtre que j'aie jamais vu.

Six bustes de porphyre, drapés en albâtre, réputés antiques, quoique parfaitement intacts, et placés sur autant de gaînes en marbre, concourent merveilleusement à la décoration de cette salle. S'ils sont antiques, on n'en doit pas moins admirer la conservation que l'exécution ; s'ils ne le sont pas, ils mériteraient de l'être. C'est une acquisition faite en Italie, sous le règne et par ordre de Louis XIV.

De cette salle, la plus belle que nous aient *Galerie*
encore offerte les appartemens du château de *de*
Versailles, nous entrons dans la galerie de *Lebrun.*
Lebrun, la plus belle, en son genre, qui soit
au monde. Elle occupe, avec le salon de la
Guerre et celui de la Paix, qui est à l'autre
bout, toute la longueur de la façade principale du château. Dix-sept grandes fenêtres
cintrées l'éclairent : elles répondent à autant
d'arcades garnies de glaces, qui les répètent,
de manière qu'au premier coup d'œil, on
croit voir cette galerie percée de croisées, à
gauche comme à droite, et que, d'un côté
comme de l'autre, on promène également ses
regards sur le parterre, les bosquets et le
parc. Elle a en longueur sept fois sa largeur, qui est de 31 pieds, et 40 pieds de haut;
non 37 toises de longueur, sur 37 $\frac{1}{2}$ d'élévation, comme le dit M. Dulaure, qui la fait ainsi
plus haute que longue. Rien d'enchanteur et
d'imposant à la fois comme le premier aspect
de cette superbe galerie. Tout ce qui n'est
pas fenêtres et glaces, est ou marbre, ou
peinture, ou sculpture dorée. Soixante pilastres, en marbre rouge, à chapiteaux compo-
sites et dorés, garnissent, remplissent pres-

que l'intervalle des croisées et celui des glaces ; le même ordre règne aussi aux deux extrémités, où deux colonnes détachées décorent les deux portes d'entrée. C'est quatre colonnes en tout, et non douze, comme le dit le *Cicérone* de Versailles.

Nous ne parlons pas de quatre piédestaux et de quatre niches, anciens emplacemens de huit statues antiques qui contribuaient à l'ornement de cette galerie, et qui, enlevées dans la révolution, ont été transportées au Muséum de Paris. Dans le nombre était la fameuse Vénus d'Arles. Ces niches et ces piédestaux vides réclament de nouvelles statues, soit antiques, soit modernes. C'est là qu'on aimerait à voir la statue du duc d'Enghien, ayant pour pendans celles de ses plus illustres ancêtres.

Cette galerie est voûtée à plein cintre dans toute sa longueur, et la voûte entièrement peinte par Charles Lebrun, qu'il suffit de nommer pour annoncer des chefs-d'œuvre. Il a consacré neuf grands tableaux et dix-huit petits, à rappeler, sous des figures allégoriques, les principaux traits de l'histoire de Louis XIV, depuis la paix des Pyrénées, en 1659, jusqu'à celle de Nimègue, en 1678, sans compter les nombreuses peintures de décoration dont il a garni tous les intervalles.

Les allégories sont trop souvent des énigmes, quand elles ont été traitées par des artistes médiocres; il n'en est pas de même de celles qui ont été conçues par les grands peintres. La justesse des idées, inséparable du génie, les rend claires et frappantes de vérité. On devine sans peine et sans effort les conceptions simples et naturelles. Telles sont celles de Lebrun, et cependant il a cru devoir venir à notre secours, par des inscriptions explicatives, placées au bas de chacun des tableaux dont il a décoré sa galerie; en quoi il nous paraît avoir donné à ses confrères, un grand exemple, qu'ils n'ont pas suivi. La plupart seraient bien fâchés de se rendre intelligibles par un semblable moyen, tout aussi admissible pourtant, à notre avis, dans la peinture que dans la gravure (1).

---

(1) Nous avons vu plus d'une fois la médiocrité se soulever à cette seule idée. Pourquoi donc le peintre dédaignerait-il d'indiquer, au bas de son

Non-seulement le grand Lebrun n'a pas craint d'indiquer, par des inscriptions, les sujets de ses tableaux, mais il a poussé la modestie jusqu'à ne pas les rédiger lui-même, comme s'il s'était méfié de ses forces en ce genre. Ce fut Charpentier, membre de l'Académie des inscriptions, qu'on en chargea : elles parurent si ridiculement emphatiques,

tableau, le sujet que ne craint pas, que se croit même obligé d'indiquer l e graveur? Le même sujet est-il plus facile à deviner dans la peinture que dans la gravure? mais plus il est obscur, plus l'artiste semble jaloux de nous le donner à deviner, dussions-nous n'en jamais venir à bout. Seulement, quand il acquiert la certitude que son énigme peut défier tous les OEdipes de son temps, il consacre un petit cahier à nous l'expliquer, et cette explication ne sert trop souvent qu'à nous déceler la faiblesse de son génie, plus souvent la fausseté de son esprit et de ses idées, qu'il croit originales lorsqu'elles ne sont que bizarres, et savantes lorsqu'elles ne sont qu'obscures ou compliquées. Que les peintres d'allégories soient donc simples et clairs dans leurs conceptions, s'ils veulent qu'on les devine. Je ne crains pas de le dire : toute allégorie est mauvaise, dès qu'elle a besoin d'être expliquée.

qu'il ne fut pas possible de les laisser subsister. Le ministre Louvois, successeur de Colbert, qui en avait plusieurs fois manifesté son mécontentement, ayant dit à Louis XIV que ces inscriptions déplaisaient à tout le monde, en demanda de meilleures à Racine et à Despréaux, pour les proposer au Roi, et ils s'en acquittèrent à la satisfaction du Prince. En conséquence on ôta, d'après ses ordres, celles de Charpentier, qui furent remplacées par les inscriptions simples de Racine et Despréaux, telles que les rapportent toutes les descriptions, depuis Piganiol, qui les a copiées lui-même, jusqu'aux *Cicérone* de nos jours, qui, les prenant dans cet auteur, n'ont aucun égard aux changemens qu'elles ont éprouvées depuis ; changemens dont ils ne paraissent pas même se douter. Ce n'est qu'avec beaucoup de surprise que j'ai remarqué ces nombreuses différences entre les inscriptions qui existent et celles qu'ils rapportent.

Ils commencent tous la description de cette galerie par le tableau du milieu, comme le plus grand, le plus intéressant, et le premier dans l'ordre des dates. Cet ordre ne peut convenir qu'aux lecteurs de cabinet, si toutefois ils s'amusent à lire, au coin de leur feu, soit Piganiol, soit le *Cicérone* de Versailles ; ce qui, je pense, ne leur arrive guère. Mais pour les curieux qui visitent le château, notre livre à la main, nous ne pouvons leur offrir une marche plus convenable que celle que nous avons adoptée dans tout le cours de cet ouvrage, laquelle fait passer successivement et de proche en proche, sous les yeux du lecteur, les divers objets, selon l'ordre dans lequel ils se présentent. C'est cet ordre que nous allons continuer à suivre ici, en commençant par le tableau placé dans le cintre, au-dessus de la porte qui vient de nous y introduire.

L'inscription suivante en indique le sujet : ALLIANCE DE L'ALLEMAGNE ET DE L'ESPAGNE AVEC LA HOLLANDE, 1672. Ces trois nations, figurées par trois femmes qui se jurent une étroite union, ne sont pas moins reconnaissables par leur caractère particulier que par leurs écussons respectifs. Les trois Furies y représentent les passions qui ont présidé à leur ligue. Des Cyclopes forgent les armes, et la Renommée, peinte à cette extrémité de la voûte, penche sa trompette jusque dans le tableau qui est au-dessous, pour informer les puissances coalisées, en faisant retentir à leurs oreilles les mots *veni, vidi, vici*, des conquêtes de la France et de l'inutilité de leurs efforts. Liés ensemble par les sujets, ces deux tableaux le sont encore par une superbe draperie qui, se détachant de celui de la voûte, s'étend sur celui du cintre.

Nous n'entrerons pas dans les mêmes détails sur les autres peintures de cette galerie, toutes généralement fort belles, mais la plupart moins conservées que celle-là, dont on admire autant la fraîcheur que le mérite, et nous nous bornerons à en faire connaître les sujets par les inscriptions.

Celle du premier tableau qu'on voit à droite, en forme de médaillon, porte ces mots : Réparation de l'attentat des Corses, 1664. Celle du tableau à gauche : La Hollande secourue contre l'évêque de Munster, 1665. Et celle du camaïeu, qui est entre deux, à la clé de la voûte : Soulagement du peuple, pendant la famine, 1662.

La double inscription du grand tableau qui suit, et qui règne d'un côté de la voûte à l'autre, porte, à gauche : Passage du Rhin en présence des ennemis, 1673; à droite : Le Roi prend Maestricht en 13 jours, 1672.

Le camaïeu qui est à la suite, dans le milieu de la voûte : La fureur des duels arrêtée. Le médaillon de droite : La prééminence de la France reconnue par l'Espagne, 1662; celui de gauche : Défaite des Turcs en Hongrie, par les troupes du Roi, 1664.

Les deux grands tableaux suivans ont pour inscriptions, celui de droite : Le Roi arme sur terre et sur mer, 1672; celui de gauche : Le Roi donne ses ordres pour attaquer en même temps quatre des plus fortes places de la Hollande.

Les inscriptions des deux médaillons qui suivent, sont, à droite : Réformation de la justice, 1667; à gauche : Rétablissement de la navigation, 1663; et celle du camaïeu peint entre deux : Guerre contre l'Espagne, droits de la reine, 1667.

Le double tableau du milieu, par lequel tous les auteurs, à l'exemple de Piganiol, commencent la description de cette galerie, ainsi que nous l'avons déjà dit, a pour double inscription, à droite: Faste des puissances voisines de la France, 1661; à gauche: le Roi gouverne par lui-même.

Les tableaux qui succèdent à celui-là ont chacun leur pendant dans ceux qui le précèdent. Les inscriptions des deux premiers, formant médaillons, sont, à droite: Protection accordée aux beaux-arts; à gauche: L'Ordre rétabli dans les finances, 1662; et celle du camaïeu qui est à la clé de la voûte: la Paix conclue a Aix-la-Chapelle, 1668.

Celles des deux grands tableaux qui suivent, sont, à droite: la Franche-Comté conquise pour la seconde fois, 1674: à gauche: Résolution prise de faire la guerre aux Hollandais, 1761.

Les deux médaillons qui viennent après, portent, à droite: Établissement de l'hôtel des invalides; à gauche: Ambassades envoyées des extrémités de la terre; et le camaïeu du milieu: Acquisition de Dunkerque, 1662.

Le double tableau qui suit et qui va d'un

côté à l'autre de la voûte, porte, à droite : Prise de la ville et de la citadelle de Gand, 1678; à gauche : Mesures des Espagnols rompues par la prise de Gand.

Les deux médaillons qui terminent, avec le camaïeu intermédiaire, les tableaux de cette voûte, ont pour inscriptions, à droite : Renouvellement de l'alliance avec les Suisses, 1663; à gauche : Jonction des deux mers, 1664; et le camaïeu; Sureté de la ville de Paris, 1669.

Enfin, sur la porte du salon de la Paix est un dernier tableau qui a pour sujet et pour inscription : la Hollande accepte la paix et se sépare de l'alliance de l'Allemagne et de l'Espagne, 1678. Cette rupture forme le pendant de l'alliance que nous venons de voir et d'admirer à l'autre bout de la galerie, sur la porte du salon de la Guerre. Nous ne détaillerons pas plus ce tableau que les précédens, puisque nous avons cru devoir nous contenter des sujets ainsi révélés par leurs inscriptions, au moyen desquelles les curieux n'ont plus besoin, pour se reconnaître, que du secours de leurs yeux.

On apprend avec douleur que la composition de ces peintures est, pour ainsi dire, tout ce qui leur reste aujourd'hui du célèbre artiste qui les a exécutées. Quant au coloris, ce n'est plus Lebrun, mais ses restaurateurs. L'humidité, le temps, la révolution, les avaient dégradés à tel point, que la plupart étaient totalement décolorées, et certaines parties défigurées, ou même effacées, de manière à ne plus laisser apercevoir ni les couleurs ni les traits. Pareille chose n'aurait pas eu lieu en Italie, où les tableaux de cette voûte eussent été exécutés à fresque, au lieu d'être peints sur des toiles maroufllées, sujettes à se décolorer, comme à se détacher, ainsi que nous l'avons vu en plusieurs parties de cette voûte.

La galerie parcourue, du nord au sud, nous a conduits, du salon de la Guerre, où commence la façade principale du château, à celui de la Paix, où elle finit. Le plafond en est également de forme ovale et peint de même par Lebrun. Il offre, dans toutes ses parties, le pendant du salon de la Guerre, dont il est aussi le parfait contraste. Si la tout est éclairs et carreaux, armes et tro-

Salle de la Paix.

phées, ravages et embrasemens, ici tout est jeux et plaisirs, calme et bonheur, abondance et richesse. L'un et l'autre offrent la même profusion de marbres, de sculptures et de dorures.

Le plafond de celui-ci représente la France, dans un char porté sur un nuage ; la Gloire la couronne ; la Paix, le caducée à la main, va porter ses ordres ; l'Abondance prend des fleurs dans une corbeille qu'un Amour soutient, pendant que d'autres Amours unissent des tourterelles qui ont à leur cou des médailles destinées à désigner, comme nous l'apprend Piganiol, les trois mariages du Dauphin Louis de France, avec Marianne-Victoire de Bavière ; de Marie-Louise d'Orléans, avec Charles II, roi d'Espagne ; et d'Anne-Marie d'Orléans, avec Victor-Amédée, duc de Savoie. L'Hyménée, accompagné des Grâces, est auprès du char. L'Allégresse, sous la figure d'une Bacchante, joue du tambour de basque.

Nous passons sous silence les détails accessoires qui entourent circulairement ce magnifique tableau, et parmi lesquels on distingue la Religion sous la figure d'une femme vêtue en religieuse. Aux quatre cintres, sont quatre autres tableaux du même maître et de la même beauté.

Du côté du levant, c'est l'Europe chrétienne en paix, sous l'emblême d'une femme assise, ayant à ses pieds les dépouilles de l'empire Ottoman, et tenant d'une main une thiare, de l'autre une corne d'abondance; indépendamment de plusieurs figures accessoires.

Du côté du midi, c'est l'Allemagne, appuyée sur un globe. Elle tend la main à un enfant qui lui apporte une branche d'olivier et une branche de laurier, double symbole de la paix dont elle jouit et des victoires qu'elle a remportées.

Au couchant, c'est la Hollande à genoux, recevant, sur son bouclier, des flèches et des branches d'olivier qu'un Amour lui apporte. Ses magistrats rendent grâces au ciel, pendant que ses peuples se disposent à rétablir leur commerce.

Au nord, sur la porte de la galerie, c'est l'Espagne qui lève les yeux et les mains au ciel, d'où elle reçoit une branche d'olivier par les mains d'un Amour.

Le tableau ovale de la cheminée, où l'on voit Louis XV tenant de la main gauche un gouvernail, et présentant, de l'autre, une branche d'olivier à l'Europe, est un ouvrage de Lemoine, qui soutient parfaitement le voisinage des chefs-d'œuvre de Lebrun Il est de la même grandeur, de la même forme ovale, et entouré de la même bordure que le bas-relief correspondant du salon de la Guerre.

Comme ce dernier, celui de la Paix est orné de six bustes antiques de porphyre, drapés de même en albâtre et placés également sur des gaînes de marbre précieux.

Ces douze belles têtes sont d'un fini qu'on ne peut attribuer, en les supposant réellement antiques, qu'au ciseau des plus grands sculpteurs de la Grèce ou de Rome, mais d'une conservation qui ne permet guère de croire qu'elles aient roulé dans les décombres de l'antiquité. L'extrême dureté du porphyre ne nous paraît pas expliquer suffisamment une conservation aussi extraordinaire.

On a tant de peine à trouver une seule statue, un seul buste grec ou romain, sans quelque altération, qu'il semble presque impossible d'en avoir rencontré douze intacts à la fois. Antiques ou non, on ne les regarde pas moins comme des empereurs romains et comme autant de chefs-d'œuvre. Je me suis demandé, en les voyant au nombre de douze, pourquoi on n'a pas cherché à y reconnaître les douze Césars, et j'ai pensé que c'était sans doute à cause des traits peu romains de plusieurs d'entre eux; circonstance qui ajoute encore à nos doutes sur leur antiquité.

Le salon de la Paix occupe l'encoignure des deux façades du couchant que nous quittons et du midi que nous allons parcourir. Il faisait partie des appartemens de la Reine, dont la pièce suivante était la chambre à coucher. Le plafond de cette chambre a été peint dans le principe; mais en 1752, on ôta les peintures, pour y substituer les ornemens de la sculpture et de la dorure: ils ont été répandus avec profusion, exécutés avec art et distribués avec goût, surtout aux encoignures, qui sont magnifiques. Quatre petits médaillons, où Boucher a peint en grisailles la Charité, l'Abondance, la Fidélité et la Prudence ornent les quatre côtés de ce plafond. Les deux dessus de portes qui décorent la même

Chambre à coucher de la Reine.

pièce sont attribués à Restout. Dans l'un il a peint le Dauphin, fils de Louis XV, avec ses deux sœurs (madame Adélaïde et madame Victoire); dans l'autre, la naissance de ces deux princesses, présentées à la France par la Jeunesse et la Vertu.

Cette chambre, dépouillée de ses tapisseries, est garnie de tableaux mobiles, comme toutes celles qui se trouvent dans le même cas. On découvre avec un douloureux souvenir, derrière l'un de ces tableaux, la petite issue dérobée par où la reine Marie-Antoinette, ayant entendu, du fond de son lit, les brigands des 5 et 6 octobre 1789, qui déjà travaillaient à enfoncer sa porte, se sauva demi-nue pour fuir la mort qui la menaçait, ou l'aller recevoir dans les bras de son époux. Les nombreux et beaux tableaux que renferme cette chambre, ne peuvent distraire l'attention de la scène déchirante qu'elle rappelle, et l'on en sort l'âme oppressée, pour passer dans le salon de compagnie du même appartement.

Salon de la Reine. Il est également garni de tableaux mobiles qui ont remplacé d'anciennes tapisseries. Le plafond est décoré d'un médaillon, où

Michel Corneille a peint Mercure répandant son influence sur les sciences et les arts. Les quatre tableaux des côtés sont aussi de Michel Corneille. Au-dessus de la cheminée c'est la dixième muse de la Grèce, Sapho, jouant de la lyre; en face, la belle Aspasie qui s'entretient avec des philosophes; du côté des fenêtres, la Peinture, sous la figure d'une femme qui peint; et du côté opposé, Pénélope travaillant à la tapisserie au moyen de laquelle elle déjoua les poursuites obstinées de ses amans, en défaisant la nuit ce qu'elle faisait le jour.

La pièce suivante est le salon du Grand-Couvert: elle ne servait à cet usage qu'aux jours de cérémonie; dans les jours ordinaires, c'était l'antichambre de la Reine. {Salon du grand couvert.}

Le médaillon du plafond représente Saint Marc l'évangéliste, accompagné des trois Vertus théologales, la Foi, l'Espérance et la Charité, par Paul Véronèse; c'est une de nos dernières conquêtes en Italie. Dans les intres de ce plafond sont huit tableaux en camaïeu, rehaussés d'or, dont le plus remarquable, placé au-dessus de la cheminée, représente Rodogune à sa toilette, apprenant la mort de son mari, et jurant de ne pas finir de se coiffer qu'elle ne l'ait vengé. Quant aux sept autres camaïeux, nous préférons l'idée générale qu'en donne M. Dulaure, en disant qu'ils représentent *différens traits historiques de plusieurs reines de l'antiquité* (bien que ce ne soient pas toujours des reines, témoin Bellone brûlant le visage de Cybèle), aux détails, les uns hasardés, les autres erronnés que Piganiol a transmis à tous ses copistes. Il voit dans l'un de ces tableaux une *Harpalice, fille de Lycurgue, qui, à la tête d'une petite troupe, délivre son père qui avait été fait prisonnier par les Grecs*, et il se moque ensuite de je ne sais quel auteur qu'il prétend *avoir fait deux fautes en quatre mots*, en avançant que c'était Harpalie, fille d'Harpalus. *Cela s'appelle*, ajoute-t-il, *ignorer le nom de la fille et celui du père*. Faute par Piganiol d'avoir fourni ses preuves, nous croyons, avec son antagoniste et avec tous les historiens, qu'aucun des Lycurgues n'était le père d'Harpalice, et qu'elle était réellement fille, sinon d'Harpalus, au moins d'Harpalicus. Ainsi l'ignorance qu'il reproche à cet auteur, bien moins grave que la sienne, ne consisterait que dans les deux erreurs de nom d'Harpalie et d'Harpalus, au lieu d'Harpalice et d'Harpalicus (1). Les encoignures du plafond sont extrêmement riches de sculptures, ainsi que de dorures, ornemens répandus aussi dans les autres parties de cette pièce.

La quatrième salle est celle des Gardes du Corps de la Reine. Le tableau peint au plafond par Coypel, représente Jupiter dans un char d'argent, porté sur un nuage et tiré par deux aigles. Parmi les accessoires on distingue une femme et quatre enfans ailés, figurant, dit-on, la planète de Jupiter et ses quatre satellites.

Salle des gardes de la Reine.

A la même voûte, mais dans les cintres, quatre tableaux représentent: Solon défen-

---

(1) Telle est l'aveugle négligence des écrivains plagiaires qui font métier de se copier les uns les autres, que Piganiol ayant commis encore l'erreur de n'annoncer que six tableaux au lieu de huit qu'il détaille ensuite l'un après l'autre, le *Cicerone* de M. Jacob et celui de M. Prud'homme ne manquent pas de répéter tous deux la même contradiction, sans s'en douter.

dant contre des vieillards les lois qu'il avait données aux Athéniens, Ptolomée Philadelphe accordant la liberté aux Juifs, l'empereur Trajan recevant des placets de toutes les nations du monde, et l'empereur Sévère faisant distribuer des grains aux habitans de Rome, dans une famine. Tous ces tableaux, qui sont autant d'allusions à quelques traits de justice et d'humanité de Louis XIV, sont de Coypel, aussi bien que celui de la cheminée et celui qui lui fait face, représentant l'un un sacrifice à Jupiter, l'autre la naissance de ce dieu. Le reste de la salle est entièrement revêtu de marbre.

Escalier de marbre. Cet appartement se termine à l'escalier de marbre, nommé aussi *escalier des ambassadeurs*, parce qu'il servait pour leur introduction. C'est le plus beau, sans contredit, qui soit en France, sinon par l'architecture, du moins par la richesse et la variété des marbres qui le décorent. C'est même le plus beau de l'Europe, après celui du château de Caserte, le Versailles des rois de Naples. Les balustres sont en marbre de Rance, les appuis en marbre noir, et ce qui étonne, c'est que les marches ne sont qu'en pierre de liais.

Des revêtemens, également en marbre de diverses couleurs, tapissent les murs et encadrent des peintures à fresque, auxquelles ont travaillé trois artistes, Meunier, pour la perspective, Fontenai pour les fleurs, et Poerson pour les personnages.

L'escalier de marbre sépare l'appartement de la Reine de celui du Roi, auquel donne entrée un vestibule, lambrissé de même en marbre de toute espèce. On aborde cet appartement par les deux salles peu remarquables des gardes et des valets de pied, qui conduisent à l'*OEil-de-Bœuf*.

Cette pièce, ainsi nommée à cause de la forme ronde de la fenêtre qui l'éclaire en abat-jour, est connue par les disgrâces des courtisans, et plus encore par la résistance qu'y opposèrent les gardes du corps à la populace de Paris, dans les funestes journées des 5 et 6 octobre. On y a placé trois tableaux de Mignard, dont le plus remarquable représente la famille de Louis XIV, et l'on n'est pas peu surpris d'y voir ce prince entouré à la fois de sa femme, de ses maîtresses et de tous ses enfans, légitimes et illégitimes.

OEil-de-Bœuf.

13*

Chambre à coucher de Louis XIV. De cette pièce, riche de dorures et de glaces, on arrive dans la chambre à coucher de Louis XIV. Dépouillée aujourd'hui de ses tentures et de ses anciens ornemens, elle n'en a plus d'autres que ses belles sculptures dorées, notamment celle qu'on voit au-dessus de l'emplacement du lit, et le magnifique tableau du plafond, qui représente Jupiter foudroyant les vices (1). Ce beau morceau de Paul Véronèse, est une de nos dernières conquêtes en Italie, et, par conséquent, une décoration toute récente pour cette chambre.

Elle n'a plus été occupée depuis que Louis XIV y est mort. C'est là que l'illustre mourant adressait aux personnes qu'il voyait fondre en larmes autour de son lit, ces belles et mémorables paroles : « M'avez-vous donc cru immortel? »

Cette chambre donne sur le balcon de la cour de marbre, par trois grandes portes vitrées et cintrées, qui regardent l'avenue

---

(1) Non les Titans, comme le disent tous les auteurs, faute d'avoir remarqué, au nombre des personnages, une femme.

de Paris et le soleil levant. Ainsi cet astre, que le grand Roi avait pris pour sa devise, venait le saluer de ses premiers rayons, dès qu'il apparaissait sur son empire. Ainsi tout semblait rendre hommage à ce puissant monarque; jusqu'à l'astre du jour, objet des hommages de l'univers.

Ce fut dans cette même chambre, à ce même balcon où tout respirait la gloire et la puissance de Louis XIV, que son arrière-petit-fils vint, accompagné de la Reine et de ses enfans, haranguer la populace furieuse et menaçante, qui, après lui avoir arraché le sceptre, l'arrachait lui-même à son palais, et l'entraîna dans celui qu'il ne devait plus quitter que pour passer au Temple, et du Temple à l'échafaud.... (1)

---

(1) La Reine était le principal objet des imprécations qui se faisaient entendre. Parmi les cris des brigands, on distingua celui-ci : *La Reine toute seule!* Cette courageuse princesse jugeant que l'instant de sa mort est arrivé, pousse son fils et sa fille dans l'appartement, les jette dans les bras de leur père, et, sans laisser à ceux qui l'entourent le temps de la retenir, elle reparaît seule sur le bal-

Chambre à coucher et appartement de Louis XVI.
La salle du conseil, qui succède à la chambre à coucher de Louis XIV, conduit dans celle de Louis XVI. Celle-ci ne brille que par les dorures, ainsi que le grand et le petit cabinets (1), le cabinet des médailles, le cabinet de la vaisselle d'or et celui de la bibliothèque du Roi qu'on trouve à la suite les uns des autres. La salle à manger est entièrement et tristement peinte en gris-blanc; une plus triste salle de billard, éclairée d'un

---

cou, présentant courageusement sa tête au coup mortel. Sa beauté majestueuse, sa contenance fière et intrépide, son mépris de la mort, arrêtent l'effet des menaces, et forcent les appaudissemens de cette multitude forcenée.

(1) Le premier a recouvré depuis peu la belle horloge de Louis XIV, qui était auparavant dans une salle des grands appartemens. On y voit (ou plutôt on y verra, quand elle sera réparée) ce monarque sortir par une petite porte à deux battans, qui s'ouvre, pour lui, à chaque heure; une Renommée est au-dessus de sa tête et le couronne; un coq et un aigle battent des ailes; un carillon se fait entendre, les heures sonnent, le roi se retire, et la double porte se referme sur lui.

jour de souffrance, termine cet appartement et nous ramène dans la salle de Vénus.

Nous avons parcouru tous les grands et petits appartemens, toute la belle partie du château de Versailles, sans laisser rien à voir que le cabinet de toilette et le boudoir de la Reine. Les employés du château ne sont pas dans l'usage d'y conduire les curieux, soit parce que ces deux pièces ne se trouvent pas sur leur direction habituelle, soit parce qu'elles n'offrent d'autre intérêt que de mélancoliques souvenirs, ni d'autre aliment à la curiosité qu'une alcôve destinée pour un lit de repos, et entourée de glaces, dont tout le mérite est de multiplier à l'infini les personnes qui s'y regardent. *Cabinet de toilette et boudoir de la Reine.*

On ne montre jamais les appartemens du rez-de-chaussée. Les pièces de cet étage, qui occupent le côté Nord du corps principal ont porté successivement le nom d'appartemens de Mesdames et du comte d'Artois. Celles de la façade occidentale correspondant à la grande galerie, forment, l'appartement du Dauphin. Une seule présente des ornemens de sculpture et de dorure ; tout le reste n'est que plâtre et boise- *Rez-de-chaussée.*

rie, avec quelques tableaux, en dessus de portes et quelques glaces. La pièce située à l'angle est un salon commun entre l'appartement du Dauphin et celui de la Dauphine, lequel, éclairé au midi, occupe le dessous de l'appartement de la Reine.

<small>Aîle Méridionale.</small> Dans l'aîle méridionale, où étaient logés les Enfans de France, la gouvernante et Madame Elisabeth, on remarque l'escalier et la galerie des Princes, escalier auquel il ne manque, pour être le plus beau du château, que d'avoir été construit en marbre; galerie qui, beaucoup plus longue et plus éclairée, est aussi beaucoup plus belle que celle de la chapelle, sa correspondante dans l'aile du nord.

Au bout de cette aile méridionale, est un ancien appartement du Comte d'Artois, aujourd'hui celui de Madame, Duchesse de Berry, et au milieu, un beau vestibule, dont le plafond est soutenu par huit colonnes doriques. Tout le reste servait de logement aux officiers et autres personnes attachées à la cour, comme l'aîle du nord entièrement consacrée au même usage.

Ce court aperçu du rez-de-chaussée et des

deux ailes nord et sud, donne une idée suffisante aux curieux de la partie du château qu'on n'est pas dans l'usage de leur montrer. Si je l'ai visitée moi-même, c'est par une faveur spéciale, à laquelle je n'attachais d'autre prix que de ne rien laisser à connaître dans l'intérieur d'un palais dont j'avais besoin de bien saisir l'ensemble, pour le faire saisir de même à mes lecteurs, en leur épargnant tous les détails dépourvus d'intérêt. Je puis leur certifier que ce qu'on ne leur montre point ne mérite pas plus leur curiosité que leurs regrets.

L'intérieur du corps principal porte seul, et seulement au premier étage, le cachet de la magnificence royale, empreinte, d'ailleurs extérieurement, sur tout l'ensemble de l'édifice, comme sur les superbes accompagnemens que forment, devant la façade, le parterre et le parc. Elle rachète, par cet avantage et par celui d'un site aëré sur un plateau qui domine de tous les côtés le bassin de Versailles, l'inconvénient majeur d'être tournée vers le couchant.

Les connaisseurs ont regretté que le nouveau château ne fît point face à l'avenue de

Paris; mais on sait que Louis XIV, par respect pour la mémoire de son père, voulait conserver l'ancien. Loin de l'abattre, comme on le lui proposait, il le fit, au contraire, terminer, sans préjudice du superbe château qu'il projetait lui-même, et qu'il adossa contre celui qu'il conservait (1). Ce grand monarque était trop bon appréciateur, pour ne pas sentir le prix des contrastes; et celui qui résulte de deux façades diamétralement opposées de style comme d'aspect, et de dimension comme de mérite, sans offrir les disparates que pourrait produire la vue simultanée de deux constructions aussi différentes est, à mon avis, la première beauté du palais de Versailles. Ce sont deux châteaux en un seul, tellement liés ensemble qu'ils ne font qu'un même corps de bâtiment;

---

(1) Ses architectes lui ayant dit que le château de Louis XIII n'était pas solide, il leur répondit: « Je vois où l'on en veut venir : si le château est « mauvais, il faudra bien l'abattre, mais je vous « déclare que ce sera pour le rebâtir tel qu'il est »; et le château ne fut pas abattu.

et tellement distincts que la vue de l'un ne laisse pas soupçonner l'existence de l'autre: ainsi les deux édifices, placés à proprement parler dos à dos, n'ont chacun que leur façade de devant.

L'ensemble des bâtimens renferme quatre à cinq petites cours intérieures, aussi tristes que sombres, entourées de façades irrégulières comme elles, et c'est sur une de ces cours que se trouve éclairé le boudoir de la Reine. Elles sont placées entre le château de Louis XIV et celui de Louis XIII, auquel elles appartiennent évidemment, d'après leur irrégularité et leurs étroites dimensions (1).

Le château de Louis XIII, entouré, éclipsé,

---

(1) Parmi les pièces, aujourd'hui insignifiantes, qui composent le rez-de-chaussée de cet ancien château, on peut remarquer, dans le milieu, celle dont les trois portes, ouvertes sur la cour de marbre, introduisaient jadis dans un vestibule, et correspondaient à trois arcades qui formaient en face la grande entrée du parterre. Dans le même rez-de-chaussée, au bout de l'aile droite en retour, on montre la petite salle des Gardes, à la porte de laquelle fut assassiné Louis XV.

remplacé presque par celui de Louis XIV, avait remplacé lui-même un moulin à vent qui existait en cet endroit, comme sur le point le plus éminent, lors de l'acquisition de la *terre et seigneurie* de Versailles, faite par contrat du 8 avril 1632, dont nous allons rapporter par extrait ce qui nous a paru le plus digne de la curiosité de nos lecteurs.

<small>Contrat d'acquisition de Versailles par Louis XIII.</small>

« Le 8 avril 1632, fut présent l'illustrissime et révérendissime Jean-François de Gondi, archevêque de Paris, seigneur de Versailles, reconnaît avoir vendu, cédé et transporté..... à Louis XIII, acceptant pour Sa Majesté, Messire Charles de l'Aubespine, Garde des Sceaux et chancelier des ordres du Roi, et Messire Antoine Rusé, Marquis d'Effiat, surintendant des finances, etc., la terre et seigneurie de Versailles consistant en *viel château en ruine et une ferme de plusieurs édifices*, consistant ladite ferme en terres labourables, en prés, bois, châtaigneraies, étangs et autres dépendances; haute, moyenne et basse justice... avec l'annexe de la grange Lessart, appartenances et dépendances d'icelle, sans aucune chose excepter, retenir ni réserver par ledit sieur Archevêque, de ce qu'il a possédé audit lieu de Versailles.... Pour d'icelle terre et seigneurie de Versailles, et annexe de la grange Lessart, jouir par sa dite Majesté et ses successeurs rois, comme de choses appartenantes. Cette vente, cession et transport faits aux charges et devoirs féodaux seulement, moyennant la somme de soixante-six mille livres, que ledit sieur archevêque reconnaît avoir reçus de sadite Majesté, par les mains de.... en pièces de 16 sous ; de laquelle somme il se tient content, en quitte sa dite Majesté et tout autre, etc., etc. » (*Architecture Française par Blondel, livre 7, page 93.*)

Ainsi Versailles n'était qu'une *terre et seigneurie consistant en viel château en ruine et une ferme de plusieurs édifices*, lorsque Louis XIII en fit l'acquisition. Trente ans plus tard ce lieu n'était encore qu'un simple village, et son château qu'un simple rendez-vous de chasse, lorsqu'il prit envie à Louis XIV de faire de ce village une des plus belles villes, et de cette maison de chasse le plus beau palais de l'Europe. Toujours avide de prodiges et de victoires, il voulut vaincre la nature, en transformant un site sauvage en un lieu de délices ; il voulut faire sortir du sein d'un désert une habitation et une ville dignes du premier monarque du monde (1): il le voulut, et sa volonté fut accomplie. Commencé en 1661, le nouveau château reçut son fondateur, avec toute sa cour, dès le mois de février de l'an 1672, quoiqu'il n'ait été terminé que long-temps après. Il a continué d'être la résidence royale sous les deux règnes suivans, après avoir été abandonné pendant les sept ans qu'a duré la minorité de Louis XV, le régent n'ayant pas voulu quitter le palais qu'il habitait à Paris.

Les deux châteaux diffèrent autant l'un de l'autre que les deux rois différaient entre eux ; et l'on aurait presque la mesure des deux règnes, en les jugeant par ces deux ou-

---

(1) M. de S. Simon, dans ses Mémoires, appelle Versailles « lieu ingrat, triste, sans vue, sans bois, sans eaux, sans terre, parce que tout est sable mouvant ou marécage, sans air, par conséquent qui n'y est pas bon ».

vrages, qui peuvent servir, en quelque sorte, d'échelle de comparaison; peut-être même cette ambitieuse vue est-elle entrée pour quelque chose dans la conservation du château de Louis XIII, comme devant faire mieux valoir le nouvel édifice.

Il ne faut pas croire que ce dernier, malgré son imposante magnificence, soit exempt de grands défauts. Pour bien juger, et de cette magnificence et de ces défauts, il faut se placer dans le parterre, décrit ci-après avec les jardins dont il fait partie. Comme c'est de là seulement qu'on peut contempler cette immense façade, dans tous ses développemens, c'est aussi là que nous allons en placer la description.

TROISIÈME JOURNÉE.

JARDINS et PARC de VERSAILLES.

Pour observer la marche la plus ordinaire, comme la plus naturelle et la plus convenable aux amateurs, qui pourront aisément nous suivre avec notre plan sous les yeux, nous allons diriger leurs premiers pas, dans les jardins du château de Versailles, vers la terrasse qui porte le nom de *Parterre d'eau*, en regrettant de ne pouvoir plus y entrer, comme au temps de Louis XIV, par les trois portiques ouverts alors au milieu de la façade; et nous commencerons la description du parterre, par cette façade majestueuse, qui en est sans contredit le premier ornement.

Façade du Château du côté du Parterre. Elle se compose d'un grand corps avancé et de deux immenses aîles excessivement reculées, qui s'en détachent à droite et à gauche, en se dirigeant, l'une au sud, l'autre au nord. Cet ensemble forme un développement de 300 toises, en comptant tous les trois côtés du corps avancé, qui, offrant un carré presque parfait, offre aussi trois façades presque uniformes, aux trois aspects du nord, du couchant et du midi.

La principale, celle du milieu, a dix-sept croisées, ouvertes dans la galerie de Lebrun. 17

Six dans les deux salons de la Guerre et de la Paix qui sont aux deux bouts. . . 6
———
En tout. . . . 23

Les deux façades en retour en ont chacune dix-sept, en tout. 34

Et les deux ailes trente-quatre chacune, en tout. 68
———

C'est une série de. . . . . 125 croisées au même étage, qui, répétées par un rang semblable de portes vitrées au rez-de-chaussée et de petites fenêtres dans les attiques (car il est à remarquer que ce vaste bâtiment n'a qu'un seul étage proprement dit), produisent un total de trois cent soixante-quinze ouvertures, ci. 375

Si l'on retranche sur ce total les trois rangs de chacun des deux côtés N. et S. du corps principal, qui font, à raison de dix-sept à chaque rang et à chaque côté, 102

Le nombre des portes et croisées de face se trouvera réduit à. 273

Nous devons défalquer aussi sur le développement de. . . . . 300 toises. attribué par toutes les descriptions à cette façade, la longueur des deux mêmes côtés N. et S., qui, étant de quarante-quatre toises chacun, en tout. 88
réduisent la longueur réelle à, 212

Cette dernière, réduite à sa juste dimension (1), n'en forme pas moins la plus grande façade qui soit en France, et peut-être au

---

(1) C'est pour ne l'avoir pas vérifiée par nous-mêmes, lors de notre aperçu de Versailles (route de Paris à Bordeaux), et nous en être rapporté à nos prédécesseurs, que nous n'avons pas plus distingué qu'ils ne l'ont fait eux-mêmes, la longueur de développement de la longueur de face.

monde, en même temps que la plus belle, malgré tous les défauts qu'on y remarque, savoir :

1.º L'excessive saillie du milieu, qui jette trop en arrière et place tout-à-fait hors d'œuvre les deux ailes latérales ;

2.º La longueur démesurée de ces deux ailes, qui fait prédominer les accessoires sur le principal: défaut justement critiqué par Pierre le Grand lorsqu'il a dit que c'était le corps d'un pigeon avec des ailes d'aigle ;

3.º La disproportion de la hauteur avec la longueur de l'édifice ;

4.º L'uniformité de cette triple façade (1) dont l'élévation est la même d'un bout à l'autre, aussi bien que l'architecture, décorée du seul ordre ionique, comme si le dessinateur n'en eût pas connu d'autres, ou comme si cet ordre, qui n'occupe néanmoins que le second rang dans la classification des ordres grecs, eût été jugé par lui le seul digne de figurer dans un palais qui devait être

---

(1) On pourrait dire *quintuple*, en comptant les deux côtés en retour du corps principal.

son chef-d'œuvre. Sans doute il en résulte une plus parfaite harmonie; mais ne dégénère-t-elle pas aussi en monotonie? L'harmonie, d'ailleurs, est-elle exclusive de la variété? Il nous semble que Mansard ne s'est pas assez pénétré de ce principe que nous a transmis un de ses contemporains:

« L'ennui naquit un jour de l'uniformité. »

Il est difficile de ne pas ranger aussi parmi les défauts de cette façade les pilastres à chapiteaux bizarres ou plutôt barbares dont il a garni les trumeaux de l'attique, et qui n'appartiennent à aucun ordre d'architecture. Ils offrent, au lieu de la variété que le goût y cherche, une irrégularité qu'il réprouve.

La balustrade qui couronne cet attique était elle-même couronnée jadis de vases et de groupes, qui déguisaient avantageusement et rompaient même la monotonie dont nous venons de parler. Des tablettes nues bordent tristement aujourd'hui d'une longue ligne horizontale le comble à l'italienne du château (1). Le temps en ayant détruit les orne-

---

(1) Le lecteur ne sera pas fâché de connaître ce

mens, on n'a pas jugé à propos de les renouveler, lorsqu'on a restauré cette balustrade, le long de laquelle Louis XVI aimait, dit-on, à prendre le frais, dans les soirées d'été, en se dérobant aux regards, derrière les groupes, pour considérer, à son aise, les promeneurs dans le parterre.

L'étranger ne doit pas être peu surpris de ne voir, dans toute cette longueur de façades, aucun fronton, aucun pavillon, aucune autre variété que la faible saillie des péristyles ioniques qui la décorent, de distance en distance, avec une sorte d'uniformité. Il y en a quinze, savoir : trois à la façade principale, trois à chacun des deux côtés nord et sud, et trois à chacune des deux ailes, sans compter ceux qui les terminent en retour aux deux bouts.

---

qu'a dit de cette façade le caustique S. Simon, auteur contemporain de Louis XIV. « Du côté des jardins on croit voir un palais qui a brûlé, où le troisième étage et les toits manquent encore. La chapelle, qui l'écrase, parce que Mansard voulait élever le tout d'un étage, a, de partout, la triste représentation d'un catafalque ».

Chaque péristyle supporte une corniche servant de console à autant de statues qu'il y a de colonnes, savoir :

Quatorze à la façade principale.. 14

Douze à chacun des côtés nord et sud, en tout. 24

Et vingt-quatre à chacune des deux ailes, en tout. 48

Total des statues comme des colonnes. 86

Quoique exécutées par de bons artistes du règne de Louis XIV, ces statues, ainsi que celles, en petit nombre, qu'on voit enfermées dans des niches, ont été peu mentionnées par nos prédécesseurs. Piganiol, le plus étendu de tous, ne détaille que celles du corps principal. M. Dulaure, en reconnaissant, d'après lui, les douze mois de l'année dans celles qui sont en saillie, ne fait pas attention à leur nombre, qui est de quatorze, et ne nous apprend pas, comme son devancier, que les deux du milieu sont Apollon et Diane, et les deux placées dans les niches qu'on voit au-dessous, l'Art et la Nature.

Toutes les autres représentent des divinités et des nymphes, des vertus et des arts. Un grand nombre sont mutilées; mais les mieux conservées n'attirent guère l'attention des amateurs, non plus que les jolies sculptures, en bas-relief, qui garnissent les cintres des croisées; soit parce que la hauteur où elles sont placées ne permet pas de les bien distinguer, soit parce que la vue retombe spontanément, de ces monumens de pierre, sur les superbes monumens de bronze et de marbre qui la captivent, de tous les côtés, dans le parterre.

Les premiers qui se présentent sont les quatre statues en bronze de Silène, Antinoüs, Apollon et Bacchus, placées sur la terrasse du château, ou le grand perron, et adossées à la façade principale. Elles sont toutes les quatre fort belles, et fondues par les Kellers, d'après l'antique. {Terrasse du Château.}

Aux angles de cette terrasse sont deux très-beaux vases de marbre blanc, ornés chacun de bas-reliefs représentant, le premier (celui du nord, sculpté par Tuby) les comquêtes de Louis XIV en Flandre, dans l'année 1667; le second (celui du midi, par Coysevox), d'un côté, la victoire de Péterwaradin, que les Impériaux remportèrent sur les Turcs, avec le secours des troupes françaises envoyées en Hongrie, en 1664; de l'autre, la soumission de l'Espagne, pour l'insulte faite au comte d'Estrade, ambassadeur français à Londres.

Parterre d'Eau. Devant cette première terrasse, en règne une seconde aussi vaste que belle, qui domine tout le reste des jardins et du parc : c'est le Parterre d'Eau, déjà mentionné au commencement de ce chapitre. Il doit son nom aux deux belles pièces d'eau qui en occupent la plus grande partie.

Ces deux bassins, oblongs et cintrés aux quatre angles, en forme de miroirs, sont bordés de tablettes en marbre blanc, où reposent vingt-quatre magnifiques groupes de bronze, moitié sur l'une, moitié sur l'autre, savoir : huit nymphes, huit groupes d'enfans, et les quatre principaux fleuves de France, ayant pour pendans les quatre principales rivières qu'ils reçoivent. Ce sont la Garonne et la Dordogne, la Seine et la

Marne, le Rhône et la Saône, la Loire et le Loiret. Ces deux dernières figures ont été séparées par la maladresse des ouvriers qui, en les posant, ont mis une des nymphes à la place du Loiret, ce qu'il est facile de reconnaître à l'urne et à l'aviron qui caractérisent les rivières comme les fleuves.

A ces caractères généraux, ils n'en joignent aucun de particulier qui puisse les faire distinguer les uns des autres; car tous les fleuves de France ont à peu près les mêmes espèces de poissons, et toutes les vallées qu'ils arrosent, à peu près les mêmes espèces de fruits. Ainsi peu importe à nos lecteurs que nous leur apprenions, avec Piganiol, quels sont les fleuves du bassin du midi et ceux du bassin du nord : on peut les baptiser à sa guise. Peu leur importe aussi l'erreur de M. Dulaure, qui compte seize fleuves ou rivières, au lieu de huit, et n'arrive pas moins au nombre de vingt-quatre, en réduisant de moitié les huit nymphes et les huit groupes d'enfans.

Ces huit derniers groupes sont fondus par Aubry et Roger, d'après Legros et Vanclève, et les fleuves, comme les nymphes, par les

Kellers, d'après Coysevox, Tuby, l'Espingola, Lehongre, Legros, Raon, Magnier et Regnaudin.

Du milieu de chacun de ces bassins, s'élance à 29 pieds de haut (quand les eaux jouent) une gerbe qu'entourent seize jets inclinés, formant corbeille.

Dans les deux angles que forme ce parterre, à l'opposite de la façade, sont deux cabinets de verdure renfermant chacun un bassin carré, qu'alimente une gerbe de 25 pieds de haut, et d'où l'eau retombe en nappe dans un petit bassin inférieur. Sur l'appui des bassins supérieurs, deux groupes d'animaux en bronze captivent l'attention. Du côté du nord, ce sont deux lions qui terrassent, l'un un sanglier, l'autre un loup. Le premier est modelé par Raon, l'autre par Vanclève, et tous deux fondus par les Kellers. Du côté du midi, c'est un ours terrassé par un tigre, et un cerf par un limier; l'un et l'autre sont modelés par Houzeau et fondus par les Kellers. Les animaux terrassés jettent de l'eau dans le bassin inférieur, et les animaux vainqueurs dans celui d'en haut. Cet effet d'eau est de la plus grande beauté; si le parc en renferme de plus beaux encore, surtout de plus grands, il n'en est aucun qu'on s'arrête à considérer avec plus de plaisir.

Celui de ces deux cabinets qui occupe l'angle du nord, porte le nom de Fontaine de Diane, à cause de la statue, en marbre blanc, de cette déesse, qu'on voit à l'un des côtés, et dont le pendant, du côté opposé, est une Vénus tellement fruste qu'on la prendrait pour une figure antique. La première est de Desjardins, et la seconde de Marsy.

Le cabinet du midi est également accompagné de deux statues, savoir : à droite, Flore, ou le Printemps, par Magnier; et l'Eau, à gauche, par Legros; toutes deux sur les dessins de Lebrun. Une troisième statue moins voisine, et faisant partie d'une rangée que nous allons bientôt décrire, a eu, je ne sais pourquoi, le privilége de donner son nom de *Point du Jour* à cette fontaine.

Avant d'aller plus loin, arrêtons-nous un instant à contempler, du haut du perron qui conduit dans le parterre de Latone, la superbe allée ouverte à travers le milieu du parc, en face du milieu du château. C'est une perspective à perte de vue, qui commence entre les deux grands bassins du parterre, continue le long des belles rampes et terrasses qui descendent en amphithéâtre dans le parc, se prolonge, entre deux rangées de vases et de statues de marbre, sur un large tapis de pelouse, nommé le *Tapis-Vert*, et se termine à un vaste canal, au-delà duquel elle se perd dans la vapeur du lointain (*V.* le plan ci-joint).

C'est surtout quand les eaux jouent que cette perspective déploye toute sa magnificence. On se croirait transporté tout-à-coup au milieu des prestiges de la férie. Les bassins qu'on découvre, de ce point de vue, forment un ensemble ravissant, dont aucune description ne peut donner une idée (1).

---

(1) On distingue les grandes et les petites eaux; les unes et les autres ne jouent qu'en été; celles-ci tous les premiers dimanches du mois, celles là plus rarement, à certains jours privilégiés.

Comme elles ne sont mises en jeu que les unes après les autres, et n'ont qu'une très-courte durée, il est bon de prévenir les curieux qu'ils ne pourront suivre, dans ces jours de fête, la marche régulière

Mais ne cédons pas encore à la curiosité qui nous entraîne naturellement vers les brillans objets qu'embrassent nos regards, avant de l'avoir épuisée sur tous ceux qui nous restent encore à examiner dans les parterres.

Celui du midi, qu'on nomme aussi parterre de fleurs, et dont la nudité a de quoi nous étonner, d'après cette dénomination, n'offre d'autre ornement que deux grands bassins ronds en marbre blanc, avec un simple jet d'eau dans le milieu. D'arides pièces de gazon le tapissent, entourées de bordures de buis d'une tout aussi maigre végétation. Parterre du Midi.

Placé à côté et un peu plus bas que le parterre d'eau, il en est séparé pas une ta-

---

et méthodique dont nous avons fait choix pour ménager leurs pas et leur temps. Après avoir contemplé d'abord les divers bassins du parterre, par où ils doivent, dans tous les cas, commencer leur promenade, ils seront obligés de se conformer à l'ordre dans lequel les eaux se succèdent, et trouveront aisément à se diriger, en suivant la foule, de bassin en bassin, de bosquet en bosquet, pour finir par la pièce de Neptune, qui joue la dernière, et dure à peine un quart d'heure.

blette sur laquelle sont rangés douze beaux vases de bronze, fondus par Duval, d'après les dessins de Ballin. Cette tablette est interrompue, dans son milieu, par un escalier de sept marches, en marbre blanc, comme elle, aux deux côtés duquel sont deux sphynx, également en marbre blanc, montés par deux jolis enfans en bronze. Aux quatre angles de ce parterre, ressortent en fer à cheval, quatre autres escaliers du même marbre et du même nombre de marches. Les deux tablettes latérales sont encore en marbre, et ornées de deux vases à chaque extrémité, ce qui fait huit en tout; dont deux seulement, les deux derniers du côté du château, méritent d'être remarqués. Sur l'un est représentée une fête de Bacchus, sur l'autre Numa Pompilius confiant aux vestales la garde du feu sacré. Ils ont été exécutés à Rome par les élèves de l'école de France.

A l'ouest du même parterre, le long des bosquets du parc, règne une balustrade terminée par un piédestal sur lequel repose une Cléopâtre couchée. On voit autour de son bras l'aspic dont la piqûre lui donna le genre de mort qu'elle avait choisi, entre tant d'autres. On a prétendu que c'est Ariane, couchée sur un rocher, et que l'aspic n'est autre chose que son bracelet; sentiment qui nous paraît bien peu fondé. Cette belle statue colossale, exécutée par Vanclève, d'après l'antique, est en marbre blanc, légèrement nuancé de rouge par un oxide ferrugineux. Le même oxide se montre dans le marbre des tablettes, des marches et des deux bassins de ce parterre.

La balustrade qui le termine, au sud, offre la plus belle perspective dont jouisse le château, non pour l'étendue, mais pour l'agrément. Elle embrasse tout juste, de la hauteur et à la distance convenable, l'ensemble que l'œil peut distinguer aisément et sans confusion. C'est un tableau de paysage dont les bois de Satory forment la plus belle partie et l'encadrement. Au milieu brille, comme un lac solitaire, la pièce d'eau des Suisses, dont nous avons déjà parlé p. 31. Non moins solitaire, s'élève, entre ce lac et les bois, la statue équestre de Marcus Curtius, dont nous avons parlé au même endroit. Sans cette statue, qui détruit l'illusion, on croirait voir ici, plus que dans tout le reste des environs de Versailles, un paysage helvétique. Ce petit lac, que domine et ombrage une croupe revêtue d'un bois touffu; cette vaste prairie qui l'entoure et où paissent fréquemment de belles vaches suisses, comme celles qui broutent habituellement les paturages de Gruères, canton de Fribourg, voilà bien une véritable vue de la Suisse, ce pays de la nature et de la plus belle nature. Un monument des arts au milieu de ce tableau semble en détruire l'effet. Mais n'en avons-nous pas admiré un du même genre au milieu des Alpes, sur les bords solitaires et presque toujours neigeux du lac presque toujours glacé qui couronne le grand Saint-Bernard? (1) La ressemblance devait être plus frappante encore lorsque les arbres indigènes, qui composent aujourd'hui les bois de Satory, étaient entremêlés de pins, de sapins et de mélèzes, principaux élémens des hautes forêts des Alpes.

Orangerie. Si de la colline bocagère de Satory et du bassin moins pittoresque, mais plus riant, où

---

(1) La statue de Desaix.

brille, au milieu du verd tendre des prés, l'azur éclatant de ce lac, uni et cintré comme un vaste miroir, nous ramenons notre vue vers les objets qui la frappent immédiatement, et où l'appellent les parfums dont on est embaumé, elle plongera sur l'orangerie, en la dominant d'une grande hauteur, d'où l'on aime à contempler cette riche collection des plus beaux orangers de France (1); on éprouve ensuite le désir de les voir de près, en parcourant la superbe enceinte qui les renferme.

De chaque côté de cette orangerie, règnent en longues et larges rampes, les deux majestueux escaliers des *Cent Marches*, dénomination qui annonce leur immense hauteur, sans la spécifier tout-à-fait, puisque nous en avons compté cent trois. En les descendant ou les gravissant, on croit gravir ou descendre une montagne. Ils conduisent du parterre de fleurs au plain-pied de l'Orangerie, et font face à deux belles grilles ouvertes

---

(1) Je ne sais si l'on doit excepter ceux de Morfontaine, qui m'ont paru plus hauts de tige, mais moins beaux de bouquet et moins vigoureux.

sur la route de Brest, entre deux pilastres qui servent de piédestaux à autant de groupes en pierre. Les deux groupes du côté de la ville représentent, le premier, l'Aurore et Céphale ; le second, Vertumne et Pomone, par Legros ; les deux du côté opposé, l'un Zéphir et Flore ; l'autre, Vénus et Adonis, par Lecomte.

Entre le bas des escaliers et ces grilles, on longe celles qui introduisent dans l'orangerie, soit à droite, soit à gauche, suivant la rampe par laquelle on descend. Ces dernières font face à deux autres grilles semblables, ouvertes, d'un côté sur des cours dépendantes du château, et du côté opposé sur la partie méridionale du parc. Ces quatre belles grilles sont entrecoupées de pilastres couronnés de paniers de fleurs. A peine entré dans l'orangerie on se demande ce qu'on doit admirer davantage, ou de la beauté ou de la quantité des orangers, ou de la noble architecture toscane des trois serres en forme de galeries qui les entourent. Cet ordre simple et plein de vigueur, qu'on pourrait appeler l'Hercule des ordres, se montre ici dans toute sa beauté, avantageusement déployée sur trois portiques, où il n'offre, avec la solidité qui le caractérise, rien de cette pesanteur qui l'accompagne trop souvent; c'est qu'il y est parfaitement à sa place, parfaitement adapté à des murs qui supportent d'aussi hautes terrasses, parfaitement en harmonie avec leur triple façade, qu'il paraît soutenir, en la décorant. Il produit, en ce lieu et en son genre, un aussi bel effet que l'ordre corinthien que nous avons admiré dans la chapelle du Roi; c'est même le morceau d'architecture le plus pur que Jules-Hardouin Mansard ait exécuté pour le château de Versailles, puisque c'est le seul où l'on n'ait pas trouvé de défaut.

Les trois galeries sont voûtées, à plein cintre et à une immense hauteur. Elles renferment et garantissent, pendant l'hiver, en neutralisant la rigueur de cette saison, les orangers qu'elles abritent, durant l'été, en entourant des trois côtés du nord, de l'est et de l'ouest, leur bosquet parfumé, qui, entremêlé de grenadiers, de myrtes et de lauriers-roses, ne charme pas moins la vue que l'odorat.

Au milieu de la principale galerie, vis-à-vis du portique qui lui sert d'entrée, est une fort belle statue colossale de Louis XIV, en marbre blanc, par Desjardins. Ce fut le maréchal de la Feuillade qui en fit présent à ce monarque; il l'avait fait exécuter pour la place des Victoires. La tête a été refaite par M. Lhorta, en 1816.

Le premier oranger qui se présente en face de ce portique et de l'image de Louis XIV, est le grand Bourbon, qui fut le contemporain de ce monarque, après avoir été celui de François I.er : il avait fait partie de la confiscation des biens du connétable de Bourbon, dont il a conservé le nom jusqu'à nos jours. On assure qu'il avait alors environ cent ans. Il a vécu depuis sous deux dynasties et sous douze règnes, sans que rien annonce encore la fin de sa longue carrière; il est vrai qu'il n'a plus sa première tige, elle est remplacée par cinq tiges nouvelles: ce sont autant de rejetons qui ont poussé par le pied. Ainsi, bien différent de notre espèce, l'oranger qui n'est plus vit réellement dans ses rejetons, tandis que l'homme qui a cessé d'être ne vit que dans leur mémoire. Les compartimens de cette orangerie et son bassin avec jet d'eau en font un véritable parterre, dominé en terrasse par celui du midi.

DE VERSAILLES. 183

Nous allons maintenant traverser encore une fois le parterre d'eau, pour passer dans celui du nord, où l'on descend par un escalier en marbre blanc, ouvert au milieu de la tablette, de même marbre, qui sépare les deux parterres. Elle est décorée de quatorze vases de bronze, tous parfaitement exécutés. On s'arrête surtout volontiers devant ceux qui ont pour anses deux petits enfans accoudés sur les bords du vase, dont ils paraissent considérer les fleurs avec une attention tout-à-fait enfantine. Ces vases ont été, comme ceux du parterre du midi, fondus par Duval, et modelés par Ballin.

Parterre du Nord.

Aux deux angles du fer-à-cheval que décrit la tablette, à droite et à gauche de l'escalier, sont deux beaux vases, en marbre d'Égypte, qui malheureusement se décompose, et des deux côtés de cet escalier, deux statues accroupies, toutes deux copiées d'après l'antique; l'une, le Rémouleur, par Foggini; l'autre, la Vénus accroupie ou pudique, par Coysevox, qui a gravé son nom sur la plinthe, à côté de celui de Phydias. Cette Vénus est d'une si grande beauté, qu'on la regarde presque comme la rivale de la célèbre

Vénus de Médicis. Si l'on me demandait pourquoi une tortue près de la mère de l'Amour pudique, je serais fort embarrassé de répondre, sans le secours de Piganiol, qui nous apprend que cet animal est là « pour marquer que les femmes vertueuses doivent être retirées dans leurs maisons, comme la tortue dans son écaille. »

Que l'original de cette statue soit un des chefs-d'œuvre de Phydias, suivant l'opinion la plus adoptée, ou de Praxitèle, ou de tout autre grand sculpteur de la Grèce, cette copie n'en est pas moins un des chefs-d'œuvre de Coysevox.

Le parterre du nord offre une richesse de végétation qui y rend les fleurs aussi abondantes et aussi belles qu'elles sont étrangères au parterre du midi, auquel on dirait que le nom de parterre de fleurs a été donné par dérision, en le voyant dénué, comme il l'est aujourd'hui, non-seulement de fleurs, mais de toute verdure. Au contraire, la verdure et les fleurs embellissent à l'envi le parterre du nord, que décorent en outre, indépendamment de quatre grands vases de marbre blanc, les deux bassins des Couronnes et celui de la Pyramide.

Les deux premiers tirent leur nom de deux groupes de Tritons et de Syrènes qui soutiennent des couronnes de laurier, du milieu desquelles s'élèvent plusieurs jets d'eau. Le bassin de la Pyramide, principal ornement de ce parterre, est composé de quatre cuvettes rondes pyramidant les unes sur les autres. La plus basse, qui est aussi la plus grande, est supportée par quatre pieds de lion et quatre Syrènes; la seconde, par de jeunes Tritons; la troisième, par des dauphins, et la quatrième, par des écrevisses de mer. Au-dessus est un vase, d'où sort le jet d'eau qui fait jouer toutes ces nappes.

Les deux premiers bassins sont de Lehongre, le troisième de Girardon, et tous trois exécutés en plomb bronzé.

Le long de la charmille qui termine ce parterre au nord, on voit huit statues de marbre blanc, savoir, en commençant du côté du château :

Le Poème héroïque, par Drouilly, sous la figure d'un jeune héros, couronné de lauriers. On croit y reconnaître Louis XIV, et il paraît que cette ressemblance est entrée dans l'intention de l'artiste.

Le Phlegmatique, par l'Espaguandel. On pourrait l'appeler également, et même avec plus de raison, le Mélancolique, d'après l'expression de sa physionomie. Près de lui est une tortue, symbole de la lenteur, qui est le propre du caractère phlegmatique.

L'Asie, par Roger : elle a pour attributs le vase d'encens qu'elle tient et le turban qui est à ses pieds.

Le Poëme satyrique, par Buyster, sous la figure, non d'un Satyre, comme cela devrait être, et comme le dit Piganiol, mais d'un Faune.

L'Hiver, par Girardon : c'est un vieillard enveloppé d'un manteau ; il a les jambes nues, et se découvre le dos, tout en se courbant vers un brasier pour se chauffer les mains. A ce contre-sens près, qui caractérise à la fois le froid et le chaud, c'est une fort belle statue.

L'Eté, sous la figure de Cérès, par Hutinot.

L'Amérique, par Guérin, ou l'Afrique, si l'on veut, car on trouve à cette figure de femme l'un et l'autre caractères ; le premier, dans l'arc et les flèches dont elle est armée, dans les plumes dont elle est coiffée, et la tête d'homme qui roule à ses pieds ; le second, dans les traits de négresse dont l'a gratifiée l'artiste, et le crocodile qu'il lui a donné pour attribut. On peut répondre que l'Amérique a aussi ses crocodiles; mais ils y sont bien moins multipliés, et jamais les arts ne les ont comptés au nombre des attributs qui caractérisent cette partie du monde.

Enfin, l'Automne, par Regnaudin, sous la figure d'un beau Bacchus.

Au-dessous de la fontaine de la Pyramide, et au commencement de la rampe qui descend au bassin du Dragon, sont les Bains de Diane, petit bassin carré qu'on nomme aussi Cascade de l'allée d'eau. Le côté du sud, plus exhaussé que les autres, est orné de bas-reliefs en plomb bronzé, dont le principal représente les nymphes de Diane au bain. Ce beau morceau de sculpture, ouvrage de Girardon, est placé entre un fleuve et une rivière, dont le premier repose sur son urne avec un abandon frappant de vérité. Le tout est accompagné de quatre mascarons qui jettent de l'eau, et couvert par une nappe, quand les eaux jouent. Les deux faces latérales du carré ont aussi leurs bas-reliefs, également en plomb. Ils sont exécutés par Lehongre et Legros.

A l'est de ce bassin, est une belle statue, couronnée de raisins et jouant de la flûte, avec un bouc pour symbole : à ces traits, qui ne croirait reconnaître Bacchus? Mais qui pourrait jamais y reconnaître le *Sanguin*? C'est Piganiol qui nous le dit; apparemment que Jouvenet, auteur de cette statue, le lui aura dit à lui-même : et il faut bien l'en croire, ainsi que tous ceux qui l'ont répété unanimement après lui. Quant à nous, n'apercevant pas ce qu'ont de commun les caractères de cette statue avec le tempérament sanguin, nous n'y aurions vu, sans cette autorité, qu'un Bacchus, ou bien un flûteur, puisqu'il joue de la flûte.

A l'ouest du même bassin, le Sanguin a pour pendant le Colérique, ouvrage mieux caractérisé, par Houzeau, qui lui a donné pour emblême un lion placé entre ses jambes.

Allée d'Eau.

Immédiatement après ces deux statues, en face des bains de Diane, s'ouvre l'allée d'eau, ainsi nommée à cause des nombreux jets dont elle est bordée. Elle va nous conduire, par une descente douce, aux deux bassins du Dragon et de Neptune, entre deux bandes de gazon, sur chacune desquelles sept jolis groupes de trois enfans en bronze, alternant avec des ifs, sont placés debout au milieu d'un bassin de marbre blanc. Chaque groupe forme une espèce de trépied, portant un second bassin en marbre de Languedoc, d'où jaillit un bouillon, qui s'étend et retombe en nappe dans le bassin inférieur. Ces groupes sont de Legros, Lemoine et le Rambert.

Des deux côtés de l'allée d'eau sont les deux bosquets fermés de l'Arc de Triomphe à droite, et des Trois-Fontaines à gauche, qui, très-ornés autrefois, offrent à peine aujourd'hui quelques vestiges de leur ancienne magnificence. Celui de l'Arc-de-Triomphe a conservé un groupe représentant la France triomphante, l'Espagne soumise et l'Empire vaincu ; figures exécutées sur les dessins de Lebrun, la première par Tuby, la seconde par Prou, et la troisième par Coysevox.

A la suite des quatorze groupes de l'allée d'eau, on en voit huit autres, par Mazeline et par Buiret, dans la demi-lune que forme la charmille, en s'arrondissant des deux côtés devant le bassin du Dragon.

Ce bassin tire son nom du dragon ou serpent Python qui le décorait autrefois, en- *Bassin du Dragon.*

touré de quatre dauphins et d'autant de cygnes. Il ne reste plus, de ces embellissemens, que le grand jet qui sortait de la gueule du dragon, et qui ne sort plus aujourd'hui que d'un simple tuyau. Sa hauteur, de 33 pieds, par les eaux ordinaires, arrive à 85, par les grandes eaux, et fixe peu l'attention néanmoins, près du bassin de Neptune, qui développe, en face, son magnifique cintre et ses magnifiques jets.

Bassin de Neptune. C'est, sans contredit, la plus belle de toutes les pièces d'eau qui décorent le parc de Versailles. Elle se présente d'abord par une longue tablette sur laquelle s'élèvent, de distance en distance, vingt-deux grands vases, exécutés en plomb, et enrichis de reliefs.

Du milieu de chacun de ces vases s'élance, à une grande hauteur, un jet dont l'eau retombe dans un canal ou chêneau qui borde cette tablette, et duquel s'élèvent aussi 23 jets; c'est en tout 45 (1), figurant autant de cierges d'eau, tant sur la tablette que dans

---

(1) Et non 63, comme le dit Piganiol; encore moins 75, comme le dit M. Dulaure.

le canal. Outre ces divers jets, chacun des vingt-deux vases laisse échapper latéralement une petite cascade, qui sort du milieu de sa concavité par un mascaron et retombe dans le même canal.

Contre cette tablette, nivelée avec le sol d'un côté, et dominant le bassin de l'autre, sont adossés trois immenses et majestueux groupes en plomb, qui reposent sur autant de plateaux de la même matière. Celui du milieu, le plus immense de tous, représente Neptune et Amphitrite, accompagnés de Nymphes, de Tritons et de monstres marins. Le dieu des eaux, assis dans une vaste conque, ayant sa tête colossale ombragée de la peau d'un monstre marin, dont la gueule vomit derrière lui une large nappe d'eau, lance, d'un air courroucé, son redoutable trident, soit pour calmer, soit pour exciter les flots de la mer. Ce grand morceau de sculpture, dont nous supprimons nombre de détails, est d'Adam l'aîné.

Le groupe du côté du levant, est Protée qui garde les troupeaux de Neptune, par Bouchardon; et celui du côté opposé, l'O-

céan appuyé sur un narval, par Lemoine.
Aux angles rentrant des deux encoignures
qui terminent la tablette à chaque extrémité
reposent, sur deux piédestaux, d'énormes
dragons, montés chacun par un Amour. Ces
deux derniers groupes sont de Bouchardon.
Tous les cinq, et surtout celui du milieu,
vomissent un déluge d'eau, qu'augmentent
encore les huit grands jets répandus dans le
bassin, et les nombreux mascarons, qui, placés au-dessous de chaque vase, rejettent en
cascade l'eau du chênal, indépendamment
des 45 cierges de la tablette.

Il faut, pour jouir à la fois de l'ensemble
et des détails de cette superbe scène d'hydraulique, parcourir les deux jolies allées
demi-circulaires, l'une inférieure, l'autre
supérieure, qui entourent le bassin du côté
du nord. Il présente, dans cet aspect, la
coupe d'un théâtre antique, dont la tablette
et le canal figurent *le proscenium*, tandis que
le talus gazonné qui règne en amphithéâtre
dans le pourtour, en figure les gradins. C'est
surtout au moment où les grandes eaux
jouent, qu'une foule innombrable rassemblée

sur ce talus, rappelle parfaitement l'effet des spectacles antiques.

Cette belle forme est due au crayon de l'ingénieux Lenôtre, qui a laissé au siècle de Louis XV le soin d'embellir son ouvrage. Les artistes, auteurs des groupes que nous venons de décrire, appartiennent à ce dernier siècle, qui, dans le château, les jardins et le parc de Versailles, s'est montré plus d'une fois le rival, et quelquefois l'égal de celui qui l'a précédé.

Dans l'allée supérieure qui environne le cintre, on a placé trois statues, savoir: à droite, Bérénice tenant un rouleau, d'autres disent Uranie, par l'Espingola; à gauche, Faustine en Cérès, par Frémery, toutes deux d'après l'antique; et au milieu, la Renommée écrivant la vie de Louis XIV, dans le livre de l'histoire que soutient le Temps: elle foule aux pieds l'Envie, qui d'une main la tire par la robe pour l'empêcher de continuer, et de l'autre tient un cœur qu'elle déchire. Parmi les trophées qui l'accompagnent, on distingue les médaillons d'Alexandre, de César, de Trajan, etc. Ce groupe remarquable, qui joint de grandes beautés à de grands défauts (1) a été fait à Rome, par Dominico Guidi, sur les dessins de Lebrun, et restauré depuis la révolution, par M. Lhorta, qui a refait entièrement la figure en relief du médaillon de Louis XIV.

Du bassin de Neptune nous allons, en laissant à droite l'avenue de Trianon, regagner le parterre d'eau, par les deux allées des Trois-Fontaines et des Ifs, qui font suite l'une à l'autre. La première, portant le nom du bosquet qu'elle longe à l'est, n'offre que l'agrément de l'ombrage; la seconde, tirant le sien des ifs qui la bordent, est séparée, au levant, du parterre du nord par une tablette en marbre blanc, ornée de quatorze vases de même matière; à l'ouest, elle longe la charmille du bosquet nommé Bains d'Apollon dont nous parlerons plus bas. Dans le carrefour qui la précède, sont des Termes, au nombre de cinq, représentant :

Ulysse, tenant la fleur que lui donna Mer-

---

(1) Les artistes remarqueront sans doute parmi ces défauts que les pieds de l'Envie ne répondent nullement à la position du corps.

cure, pour le garantir des enchantemens de Circé, par Magnier;

Lysias, orateur grec, par Dedieu;

Théophraste, philosophe, par Hurtrelle;

Isocrate, autre orateur, par Granier;

Apollonius, précepteur de Marc-Aurèle, par de Mélo.

Le long de la charmille des Bains d'Apollon, sont rangées les statues suivantes:

Le Poëme pastoral, sous la figure d'une bergère, par Granier. Elle tient une syringe et un bâton pastoral, ce qui, joint au caractère de sa figure, d'ailleurs fort belle, lui donne quelque chose de mâle.

La Terre, par Massou, avec un lion, une couronne de fleurs et une corne d'abondance.

La Nuit, par Raon. Elle est couronnée de pavots; un flambeau est dans sa main, un hibou à ses pieds, et la bordure de sa robe est parsemée d'étoiles.

L'Afrique, par Cornu: c'est une négresse coiffée d'une trompe d'éléphant; un lion lui lèche les pieds.

L'Europe, par Mazeline. Elle est coiffée d'un casque et appuyée sur un écu où l'on voit un cheval en bas-relief.

Les deux statues qui suivent, sont celles de Vénus et de Diane, déjà décrites (p. 73), avec la fontaine de Diane, près de laquelle elles se trouvent placées.

Nous voilà revenus dans le parterre d'eau, au même point où nous nous sommes arrêtés à contempler la magnifique percée qui s'ouvre en perspective devant le château. Nous allons maintenant la parcourir, en examinant avec détail tous les ornemens qui l'embellissent.

Parterre de Latone. Le premier est le parterre de Latone, qu'embrassent, à droite et à gauche, deux rampes douces et gazonnées, formant par leur ensemble un grand et majestueux fer-à-cheval. Du côté du parterre, qu'elles dominent, elles sont bordées par des ifs; du côté de la charmille, qui les domine elle-même, sont rangées des statues que nous allons faire connaître successivement, en descendant par une rampe, pour remonter par l'autre, et commençant par celle du nord.

La première statue représente l'Air, figuré par une femme debout sur des nuages, ayant un aigle et un caméléon pour symboles. Elle retient avec grâce son voile légèrement enflé par l'air. Cette belle statue est de Lehongre.

La seconde est le Mélancolique, par Laperdrix, qui lui a donné pour attribut un livre, une bourse, et un bandeau sur la bouche, « afin de marquer, dit le bon Piganiol, que les personnes qui sont de ce tempérament aiment ordinairement l'étude, l'argent et le silence. » M. Laperdrix avait grand besoin de cette explication, dont il est l'auteur sans doute, comme de ces étranges emblêmes. On n'avait jamais imaginé jusque-là que l'avarice fût un des attributs de la mélancolie.

La troisième est Antinoüs, par Lacroix ;

La quatrième, Tigrane, roi d'Arménie, par l'Espagnandel ;

La cinquième, un jeune Faune, jouant de la flûte, par Hurtrelle ;

La sixième, Bacchus, par Granier ;

La septième, Faustine en Cérès, par Regnaudin ;

La huitième, l'empereur Commode, sous la figure d'Hercule, par Coustou ;

La neuvième, Uranie, par Frémery ;

Et la dixième, Ganimède avec Jupiter déguisé en aigle, par Laviron.

Toutes ces statues, à l'exception des deux premières, sont d'après l'antique.

A la pointe du croissant que forme la tablette de la rampe, en face du beau groupe de Ganimède et Jupiter, on voit une statue plus belle encore : c'est la Nymphe à la coquille, d'après l'antique, par Coysevox. Elle dispute à la Vénus accroupie l'honneur d'être le chef-d'œuvre de ce grand sculpteur, et la plus belle statue du parc. La Nymphe, nonchalamment inclinée, s'appuie sur la main gauche, et de la droite elle puise de l'eau avec une coquille. Son joli corps est couvert d'un tissu léger qui, collé en partie sur la peau, dessine les plus belles formes qu'il soit possible d'imaginer.

Ici finissent, et la rampe, et les statues qui la décorent. Cinq termes leur succèdent :

Cérès, couronnée d'épis et de fleurs, par Poultier.

Diogène, par l'Espagnandel ;

Et, en tournant à gauche, un Faune couronné de pampres, par Houzeau ;

Une Bacchante, avec un tambour de basque, par Dedieu ;

Un Hercule, par Lecomte.

A l'extrémité de la charmille, est un superbe groupe qui représente Arie et Pétus, d'après l'antique, par l'Espingola ; et immédiatement après, dans la même encoignure, coupée en fer-à-cheval, le groupe de Persée délivrant Andromède, par Puget. Si nous n'avions eu déjà occasion de relever les graves incohérences où est tombé ce célèbre sculpteur, dans son bas-relief d'Alexandre et Diogène (p. 102), nous ne pourrions concevoir, de la part d'un si grand artiste, le défaut de proportion qu'on remarque entre la petite taille d'Andromède et la stature presque gigantesque de Persée, qui ne semble tenir qu'un enfant dans ses bras. Cette jolie enfant, d'ailleurs, est parfaitement modelée, ainsi que son libérateur.

Ce n'est pas sans intention que Puget a donné à son héros la figure de Louis XIV, en dédiant le groupe à ce monarque par l'inscription suivante :

LUDOVICO MAGNO
Sculpebat et dicabat ex animo
PETRUS PUGET,
Massiliensis.

Ce groupe est au bout de l'allée royale,

dite le *Tapis-Vert*. On voyait jadis en face, sur l'autre côté de la même allée, le chef-d'œuvre de Puget, son Milon de Crotone (1). Il enrichit aujourd'hui le Muséum de Paris, où on l'a transporté de nos jours, pour le soustraire aux injures de l'air. Le piédestal qui le portait attend encore un autre pendant du groupe de Persée (2). Il paraît qu'on a l'intention d'y mettre celui de Papirius et de sa mère, qu'on voit dans le jardin des Tuileries à l'une des extrémités de l'allée du Printemps. Peut être correspondrait-il mieux au groupe suivant, représentant Castor et Pollux, dans le même état de repos que

---

(1) *Ah le pauvre homme!* s'écria dit-on, la reine Marie-Thérèse, femme de Louis XIV, à l'ouverture de la caisse qui renfermait ce groupe, en voyant les vains efforts de l'athlète, qui, prêt à être dévoré par un lion, ne peut dégager sa main du tronc où elle se trouve prise.

(2) M. Lhorta proposait d'y placer une copie en marbre du Milon. Cet avis nous semble bon à suivre. Les chefs-d'œuvre de nos grands artistes ne devraient-ils pas tous être copiés comme ceux des anciens?

les deux personnages qu'il représente lui-même ; Arie et Pétus pourraient faire alors le pendant de Persée et d'Andromède, ces deux groupes étant tous les deux également en action.

Le groupe de Castor et Pollux a été exécuté d'après l'antique, par Coysevox.

Cinq Termes lui succèdent, répondant à ceux que nous venons de voir, du côté opposé, et représentant :

Le fleuve Achéloüs, tenant la corne d'abondance, par Mazière ;

Pandore, avec sa boite, par Legros, d'après Mignard ;

Mercure, tenant une bourse, par Vanclève ;

Platon tenant le médaillon de Socrate, par Rayol ;

Et en face, Circé, par Magnier.

A gauche, au bas de la tablette qui borde la rampe du sud, par laquelle nous allons remonter au parterre d'eau, est le Gladiateur mourant, copié d'après l'antique, par Mosnier, et faisant le pendant de la Nymphe à la coquille, que nous avons vue au bas de la rampe opposée. A droite, du côté de la charmille, est une copie de l'Apollon Pythien, par Mazeline ; et à la suite, en remontant la rampe :

Uranie, par Carlier ;

Mercure, par de Mélo ;

Antinoüs, par Legros ;

Silène, portant Bacchus dans ses bras, par Mazière ;

Vénus Callipige, par Clairion ;

Tiridate, roi d'Arménie, par André.

Ces six dernières statues sont d'après l'antique.

Le Feu, sous la figure d'une femme ayant près d'elle une salamandre qui ressemble à un dragon, et tenant un vase rempli de feu, par Dozier, d'après les dessins de Lebrun ;

Le Poëme lyrique, tenant une lyre, par Tuby, également sur les dessins de Lebrun ;

Enfin, le Point du Jour, qui a pour double symbole une étoile sur sa tête, et un coq à ses pieds, par Marsy. Nous avons déjà vu (page 173) que cette dernière donne son nom à la fontaine du combat d'animaux, dont elle est séparée par la charmille.

Entre les deux rampes que nous venons de parcourir, s'ouvre un large perron par où l'on descend du parterre d'eau dans celui de Latone, et au haut duquel sont deux grands et beaux vases de marbre blanc, portant l'emblême de Louis XIV, l'un, à gauche, par Drouilly, l'autre, à droite, par Dugoulou.

Cet escalier conduit à une terrasse développée en demi-lune devant le bassin ovale de Latone, et terminée, à chaque extrémité, par deux autres escaliers plus petits, qui conduisent à une terrasse inférieure formant le pourtour de cet élégant bassin.

Sur la première, sont quatre vases de marbre, ornés de pampres et de guirlandes, par Grimaud et autres élèves de Rome; sur la seconde, on en compte huit, dont trois répètent le sacrifice d'Iphigénie, et trois une fête à Bacchus, sujets copiés tous deux à Rome, d'après l'antique, par Cornu, s'il faut en croire les auteurs; il nous semble bien plus probable que ce sont trois élèves de Rome qui ont envoyé chacun une étude du même sujet.

Les deux autres vases représentent, l'un, Mars enfant, sur un char tiré par des loups, et précédé des Génies de la guerre; l'autre, le même dieu, couronné de lauriers par les mêmes Génies, et assis sur des trophées; le premier est de Hardy, le second de Prou.

Au centre de ce pourtour et du bassin, s'élève, sur cinq gradins circulaires étagés en pyramide, le groupe de Latone, avec ses deux enfans, Apollon et Diane, par Marsy. La déesse, placée au sommet, implore la vengeance de Jupiter contre les paysans de Lycie, qui lui avaient refusé de l'eau et troublé celle où elle cherchait à se désaltérer; ceux-ci, déjà métamorphosés, les uns à moitié, les autres tout-à-fait, en grenouilles ou en tortues, sont rangés au bord des divers étages de gradins, et, justement punis par où ils avaient péché, ils vomissent et lancent sur elle des torrens d'eau, ce qui forme une multitude d'arcades dirigées dans tous les sens, et une espèce d'artifice hydraulique du plus bel effet. Les gradins sont en marbre rouge, le groupe en marbre blanc, et les paysans-grenouilles en plomb bronzé. Aux deux côtés de la pyramide, deux gerbes s'élancent de l'intérieur du bassin à une hauteur de 30 pieds. Un peu plus loin se dessinent agréablement, à droite et à gauche, deux parterres de fleurs, ayant eux-mêmes chacun leur petit bassin, leur jet d'eau et leur groupe, composé de deux figures, en partie métamorphosées, comme celles du bassin de Latone; mais on y fait peu d'attention, près des magnifiques groupes et des jets aussi variés que multipliés de ce dernier bassin.

Entre les deux parterres, une rampe douce nous mène directement à l'allée Royale, plus connue sous le nom du *Tapis-Vert*. C'est la plus belle du parc et la plus fréquentée des promeneurs. Nous l'avons eu déjà en perspective et admirée du haut de la rampe qui descend du parterre d'eau dans celui de Latone.

<small>Allée Royale ou du Tapis Vert.</small>

Elle doit son nom de Tapis-Vert au large tapis de gazon qui en occupe le milieu, et qu'on s'étonne de voir toujours frais, quoique toujours foulé. Douze vases et douze statues la bordent, alternant de deux en deux, dans l'ordre suivant :

Côté du midi :	*Côté du nord.*
Vase orné de quadrilles, par Poultier.	Vase orné de quadrilles, par Herpin.
La Fidélité, par Lefèvre, avec un chien à ses pieds.	La Fourberie, par Lecomte, d'après Mignard.

Suite du côté du midi.	*Suite du côté du nord.*
Vénus sortant du bain, par Legros.	Junon, statue présumée antique.
Vase orné de cornes d'abondance, par Rayol.	Vase orné de cornes d'abondance, par Barrois.
Vase orné de tournesols, par de Mélo.	Vase orné de tournesols, par Drouilly.
Faune portant un chevreuil, par Flamen, d'après l'antique.	L'empereur Commode, sous la forme d'Hercule, par Jouvenet.
Didon sur son bûcher, par Poultier.	Vénus de Médicis, d'après l'antique, par Frémery.
Vase orné de tournesols, par Slodtz père.	Vase orné de tournesols, par Légeret.
Vase uni, par Joly.	Vase uni, par Arcis.
Amazone, d'après l'antique, par Buirette.	Cyparisse caressant son cerf, par Flamen.
Achille, par Vigier : il est déguisé en fille, et se décèle à Ulysse par la préférence qu'il donne aux armes sur les bijoux.	Arthémise, reine de Carie tenant la coupe où elle a mêlé les cendres de Mausole, son époux, par Lefèvre et Desjardins.
Vase orné de couronnes de chêne et de laurier, par Hardy.	Vase orné de couronnes de chêne et de laurier, par Hardy.

Bassin d'Apollon. L'allée du Tapis-Vert se termine au bassin d'Apollon, le plus grand du parc, après celui de Neptune, dont les superbes groupes ont pu seuls effacer celui du dieu du jour, représenté sortant du sein des eaux, dans le centre du bassin auquel il a donné son nom. Le char est traîné par quatre coursiers, au milieu d'un peuple de Tritons, de dauphins et de monstres marins. Ce groupe, en plomb, a été fondu par Tuby, sur les dessins de Lebrun. Le vulgaire, qui lui a donné le nom de *Charriot embourbé*, faute de savoir ce qu'il représente, semble, par cette expression, nous en révéler le défaut, qui est, au surplus, moins celui du groupe que du bassin, dont le peu de profondeur laissant voir un fond pavé, détruit toute espèce d'illusion, et il en faut beaucoup pour se figurer un char sortant du sein des eaux, avec les chevaux auxquels il est attelé. La gerbe du milieu est très-considérable : elle s'élève à 57 pieds, et les deux autres à 47. Les trois réunies, avec les divers effets d'eau du groupe, le couvrent tout entier, ainsi qu'une partie du bassin, d'un nuage de poussière humide qui fait un effet admirable dans le lointain.

Au-delà commence la pièce d'eau appelée

le *Grand Canal*, sur laquelle se prolonge si heureusement le point de vue.

Dans le pourtour du bassin, on compte vingt-quatre statues ou groupes, dont douze au nord, et douze au midi, savoir, en commençant à droite par celles du nord :

Aristée liant Protée à un rocher ou plutôt à un monceau de pierres qui, empilées les unes sur les autres, semblent prêtes à s'écrouler sur les deux pasteurs, au moindre mouvement ; et ils ne peuvent manquer d'en faire beaucoup, surtout Protée en se débattant. Ce groupe, d'ailleurs fort beau, est de Slodtz père.

La nymphe Syrinx, couronnée de roseaux, Terme, par Mazière ;

Jupiter armé de son tonnerre, Terme, par Clairion ;

Junon, Terme, par le même ;

Vertumne, Terme, par Lehongre ;

Le vieux Silène, couronné de pampres et tenant Bacchus dans ses bras, selon M. Piquet, ou bien Saturne prêt à dévorer un de ses enfans, suivant d'autres. Ces derniers me paraissent bien loin de la vérité, même de la vraisemblance, car rien n'annonce dans le principal personnage le penchant à la fois parricide et cannibale du père des Dieux, qui d'ailleurs n'a jamais eu, comme le fils de Pan, les oreilles de faune qu'on remarque à la statue : elle est antique, et assez mauvaise.

Plus loin, après avoir traversé l'allée d'Apollon;

Un empereur Romain, autre figure antique;

Orphée ayant Cerbère à ses pieds, et jouant du violon. On n'a pas besoin d'observer que cet Orphée, joueur de violon, n'est pas antique, et l'on se demande pourquoi son auteur (Franqueville) a préféré cet instrument de nos jours à la lyre d'Orphée;

Un Apollon antique;

La Clarté, figure prétendue antique, mais trop intacte pour qu'on puisse la croire telle;

Un Hercule antique;

Une Cléopâtre antique;

Ensuite, en traversant l'intervalle qui sépare le bassin d'Apollon du grand canal, et revenant par le côté du midi;

Une statue antique qu'on a baptisée Junon;

Un Hercule, également antique, composé de plus de 20 morceaux, et d'une exécution qui prouve que les anciens, comme les modernes, ne faisaient pas toujours des chefs-d'œuvre.

Un piédestal nu;
La Victoire, statue antique;
Un empereur romain, autre figure antique;
Un piédestal nu (1);
Enfin, après avoir passé de nouveau l'allée d'Apollon :
Bacchus, statue antique;
Pomone, Terme, par Lehongre;
Bacchus, Terme, par Raon;
Flore, Terme, par Arcis et Mazière;
Le dieu Pan, Terme, par Mazière;
Le beau groupe d'Ino se précipitant dans la mer avec son fils Mélicerte, par Granier.

Nous avons traversé le parc, dans son milieu, en parcourant l'allée du Tapis-Vert, qui le sépare en deux parties presque égales; nous allons maintenant le parcourir dans son intérieur, en le remontant et commençant par le côté du midi.

---

(1) Les deux piédestaux dégarnis doivent être occupés par une Matrone et une Agrippine.

Les premiers objets qui s'y présentent, sont les deux bassins de l'Hiver et de l'Automne, bordés de tablettes en marbre blanc. Ils correspondent, le premier au Printemps, le second à l'Eté, que nous verrons dans la partie du nord. Au milieu de chacun de ces bassins, est un groupe en plomb bronzé, caractérisant la saison qu'il désigne. Celui de l'Hiver représente Saturne à moitié couché au milieu d'un groupe d'enfans qui jouent avec des poissons, des crabes, et des coquilles. Un d'entre eux tient un soufflet dont il semble exciter un feu qu'on n'aperçoit point.

Bassins de l'Hiver et de l'Automne

Le dieu ne tire pas d'un sac une pierre pour la manger, comme le répètent toutes les descriptions de Versailles; il est difficile de dire ce qu'il tient dans ses mains; mais il ne le tire point d'un sac et ne le porte pas à sa bouche. Quoi qu'il en soit, il faut se tourmenter beaucoup l'imagination, pour voir, dans ce groupe de Girardon, d'après Lebrun, les emblêmes de l'hiver. Je dirai plus, pour ne point les trouver ridicules, il faut tout le respect qu'inspirent les noms de ces deux grands artistes. Les attributs de l'Automne, par Marsy, également d'après Lebrun, sont mieux caractérisés. C'est Bacchus à moitié couché au milieu d'un monceau de raisins, et entouré de petits Satyres. Ces deux bassins occupent les points d'intersection d'une large et longue allée, qui, parallèle à celle du Tapis-Vert, porte le nom d'allée de Bacchus et de Saturne, et de deux allées transversales dont nous parlons plus bas.

Bosquet ou Jardin du Roi. Au sud et tout près du bassin de l'Hiver ou de Saturne, est le bosquet du Roi, qui a pris la place d'une ancienne pièce d'eau dégénérée en marécage. S'il fallait en croire une description que j'ai sous les yeux, on y aurait copié le jardin de la maison d'Hartewell, qu'occupait Louis XVIII en Angleterre. Mais nous tenons de l'architecte même qui en a été le dessinateur (M. Dufour) qu'aucune intention de cette nature n'est entrée, ni dans son plan ni dans les ordres qu'il a reçus. Il n'a été commandé que par le terrein dont il avait à tirer parti; ce qu'il a fait au surplus, à la grande satisfaction du public, qui la lui témoigne tous les jours par le plaisir qu'il prend à se promener dans le jardin du Roi, devenu le rendez-vous de la bonne société de Versailles. On dirait qu'elle y est attirée par les émanations embaumées du soir. C'est aux approches du coucher du soleil que cette enceinte est ouverte au public; alors l'élite des promeneurs y accourt de toutes les allées du parc. Ainsi les parfums du luxe viennent s'y mêler à ceux de la nature, qu'exhalent à l'envi les arbres et arbustes odoriférans, les fleurs de toute espèce, groupées en abondance dans les touffes de verdure qui bordent les tortueuses allées de ce bosquet, agréablement dessiné à l'anglaise.

A droite et à gauche de l'entrée se dérobent, au milieu de deux cabinets de verdure, deux vases de marbre, copiés tous deux à Rome par Grimaud. Ces morceaux sont enrichis d'excellens bas-reliefs qui représentent, le premier une Bacchanale, le second un mariage antique.

Un gazon frais et velouté, comme ceux que je me rappelle avoir admirés en Angleterre, forme, au milieu de ce jardin, un tapis moëlleux que foulent avec délice les pieds délicats de la beauté, et sur lequel aime à bondir la folâtre adolescence. A une extrémité de ce gazon, s'élève une colonne corinthienne en marbre de Languedoc, et sur son chapiteau de bronze, une petite statue de Flore en marbre blanc. Ce bosquet charmant, qui fait songer à ceux de Cythère ou d'Armide, attend encore, dit-on, de nouveaux embellissemens, dont il ne nous parait avoir aucun besoin.

Aux deux angles du cintre que forme son enceinte vers l'ouest, ont été placées extérieurement les deux superbes statues colossales de l'Hercule-Farnèse et de Flore, d'après l'antique, la première par Cornu, la seconde par Raon.

Bassin du Miroir. En face de la barrière d'entrée, est la pièce d'eau, dite *Bassin du Miroir*, tirant son nom de la ressemblance qu'on lui a donnée. Il n'a d'autre ornement que les deux gerbes d'eau qui l'alimentent, et le talus gazonné qui le domine, en amphithéâtre, vers l'est. Le dessinateur de ce bassin, en l'environnant ainsi d'un talus demi-circulaire, a-t-il su qu'il nous donnait un demi-échantillon des lacs formés par les cratères des volcans, tels que celui d'Albano, près de Rome, le lac Averne, près de Naples, le lac Pavin, près du Mont-d'Or en Auvergne ; et qu'en complettant le cercle, il eût complétté la ressemblance?

Sur la terrasse, également cintrée, qui règne dans le pourtour, sont placées quatre statues de marbre regardées comme antiques: une Vestale, une Vénus, un Apollon et une Impératrice.

En continuant à nous diriger de l'ouest à l'est, et prenant, entre les diverses allées qui aboutissent au cintre du bassin, celle du milieu, nous arrivons directement au bosquet de la Reine, jardin semi-anglais, peuplé d'arbres étrangers. Au milieu est un carré nommé Salle des Tulipiers, du nom des arbres qui l'ombragent, et au centre du carré, un vase de granit, accompagné de quatre cruches en bronze, de forme antique. Ce bosquet, où l'on ne peut entrer qu'avec le secours des gardiens, qui en ont la clé, était autrefois un labyrinthe où, en s'égarant dans des chemins tortueux, on rencontrait de nombreux bassins, dont chacun enfermait un groupe représentant une fable d'Esope. *Bosquet de la Reine.*

Après avoir, pour la seconde fois, traversé l'allée de Bacchus, en face de ce bosquet, nous trouvons celui de la Salle de Bal, éga- *Bosquet de la Salle de Bal.*

lement fermé. On le nomme ainsi à cause des bals que la cour y donnait quelquefois dans la belle saison. Il est parfaitement ovale ; le milieu forme une espèce d'arène où s'exécutaient les danses, et l'enceinte un amphithéâtre, d'un côté en talus de gazon, de l'autre en gradins de rocailles et de coquillages. Ce dernier produit un charmant effet quand les eaux jouent, par les nappes liquides et brillantes dont le couvrent et le tapissent un grand nombre de jets, de bouillons et de gerbes ; ce qui fait ressortir l'éclat, ainsi que la variété des rocailles et des coquillages, dépouillés de toute illusion, lorsque les eaux ne les animent point. Alors on ne voit que de petites pierres et des coquilles qui, attachées et suspendues par des fils de fer, ont quelque chose de mesquin, même quelque ressemblance avec des colifichets d'enfans, sans excepter trois cuvettes brillantées de nacre de perle. Les torchères et vases en plomb, jadis doré, qui décorent cet amphithéâtre, sont de Houzeau, Massou et Lehongre.

Quinconce du Midi. Au sortir et au nord-ouest de la salle de bal qu'on nomme aussi *Salle de la Cascade*, nous trouvons le quinconce du midi, faisant le pendant de celui du nord, que nous verrons de l'autre côté du Tapis-Vert. C'est une grande salle de verdure, décorée de huit Termes, dont quatre autour de la pièce de gazon qui est au milieu, et quatre sous les marronniers qui l'ombragent. Les premiers sont, en entrant du côté du parterre de Latone et commençant à droite, Pomone, Hercule, Flore et Vertumne; les autres, adossés à la charmille, sont, un autre Hercule, une Bacchante, le Dieu des jardins et Pallas. Tous ces Termes ont été exécutés par divers sculpteurs sur les dessins du Poussin. Le vase orné de trophées et d'instrumens pastoraux qu'on voit dans un enfoncement de la charmille, est de Robert.

Au sud, et à peu de distance de ce quinconce, on trouve le bosquet fermé de la Colonnade, magnifique rotonde composée de 32 colonnes, partie en marbre de Languedoc, partie en brêche violette, partie en bleu turquin; lesquelles répondent à autant de pilastres, tous en marbre de Languedoc. Les colonnes, comme les pilastres, sont d'ordre ionique, et réunies entre elles par des arcades qui supportent une corniche

Bosquet de la Colonnade.

surmontée d'un attique : 32 vases de marbre blanc, répondant à chaque colonne, forment le couronnement de ce bel ouvrage de Jules-Hardouin Mansard. Sur les impostes sont des bas-reliefs, représentant des jeux et des amours, parfaitement exécutés, par Mazière, Granier, Lehongre et Lecomte.

Sous les arcades sont 28 grandes cuvettes, également en marbre blanc, de chacune desquelles sort un jet, dont les eaux produisent autant de nappes et de cascades, en retombant dans le chéneau creusé circulairement au-dessous pour les recevoir.

Au milieu de l'enceinte est le beau groupe de l'Enlèvement de Proserpine, par Girardon, d'après Lebrun ; sur le piédestal rond qui le supporte, sont représentées, en bas-relief, trois scènes de la même fable.

Salle des Marronniers. Tout près, et au sud-ouest de ce bosquet fermé, est la petite salle ouverte, nommée Salle des Marronniers, ou des Antiques, à cause des marronniers qui l'ombragent et des dix bustes ou statues antiques qu'elle renferme, savoir :

D'un côté les quatre bustes d'Apollon, d'Alexandre le Grand, d'Othon et de Marc-

Aurèle, séparés par la statue en pied d'Antinoüs. De l'autre, ceux d'Antonin, de Septime-Sévère, d'Octavien et d'Annibal, séparés par la statue de Méléagre.

C'est, dans ce parc, la seule collection de figures dont les noms soient inscrits au bas, et la principale réunion d'antiques qu'il renferme, si toutefois ce sont des antiques; ce qu'on peut également soutenir ou contester : la statue d'Antinoüs est en neuf ou dix morceaux; l'extrémité inférieure du torse formant un seul bloc avec les cuisses, est tout ce qu'elle nous paraît avoir d'incontestablement antique. Son pendant, Méléagre, est en quinze morceaux, tant grands que petits, en comptant la tête, qui cependant ne lui est pas bien clairement étrangère, pouvant avoir été trouvée près du tronc ; son nez rapporté vient à l'appui de cette conjecture. Le buste d'Apollon, le plus intact de tous, en est aussi le plus beau. La tête d'Alexandre est rapportée, et la figure tellement ignoble, qu'on a peine à la reconnaître pour celle du conquérant de l'Asie. Le nez écorné de celle de Marc-Aurèle a été complété par un bout de nez tellement moderne, que, joint à ses moustaches et à ses *favoris* à la française, il rendrait méconnaissable l'empereur romain, si on ne lisait son nom au bas. La tête d'Antonin est parfaitement caractérisée et parfaitement antique. Il en est de même de celles d'Octavien et d'Annibal.

Aux deux bouts de cette salle, de forme oblongue, sont deux enfoncemens occupés chacun par un petit bassin en marbre blanc avec jet d'eau.

<small>Bassins du Printems et de l'Été.</small> Il ne nous reste plus rien à voir dans la partie méridionale du parc ; passons maintenant, en traversant le Tapis-Vert, dans la partie opposée, où nous trouverons d'abord les deux bassins du Printemps et de l'Été, bordés en marbre blanc, et faisant le double pendant de ceux de l'Automne et de l'Hiver, que nous venons de décrire. Celui du Printemps est représenté par Flore ayant devant elle une corbeille de roses, et entourée d'une troupe d'enfans qui tiennent des guirlandes de fleurs. L'autre nous offre l'Eté, sous la figure de Cérès couronnée d'épis, avec une faucille à la main et couchée sur des gerbes, également au milieu d'une troupe d'enfans. Ces deux groupes sont exécutés en plomb bronzé, d'a-

près les dessins de Lebrun, celui de Flore par Tuby, celui de Cérès par Regnaudin. Du milieu de chacun s'élève une gerbe d'eau, semblable à celle des deux bassins de Bacchus et de Saturne; et, comme ces derniers, ils donnent le nom de leurs divinités, Flore et Cérès, à l'allée dans laquelle ils sont placés.

Les deux allées transversales qui la coupent à angle droit, comme elles coupent celles de Bacchus et de Saturne, de l'autre côté du Tapis-Vert, portent elles-mêmes les noms, l'une du Printemps et de l'Hiver, l'autre de l'Eté et de l'Automne. Nous avons vu que c'est aux quatre points d'intersection que se trouvent les quatre bassins, où aboutissent encore en diagonale, d'autres allées moins remarquables et sans nom.

Entre le bassin de Flore et celui d'Apollon, que nous avons déjà décrit au bout du Tapis-Vert, est un grand carré de verdure, traversé en diagonale par une allée qui va d'un bassin à l'autre. Dans l'un des deux triangles qu'elle forme par sa direction se trouve le bosquet rond et fermé des Dômes, dont la principale entrée est par le Tapis-Vert. Il tire son nom de deux petites roton-

Bosquet des Dômes.

des couvertes en dôme, dont on ne voit plus, au moment où nous écrivons, que la place et les décombres, dans deux enfoncemens qui se font face : ils ont été détruits en 1820.

Le milieu de ce bosquet est occupé par un bassin octogone, qu'entoure une balustrade ; les balustres sont en marbre blanc, et l'appui en marbre de Languedoc. Cet appui est creusé en goulotte, où circulent et s'écoulent les eaux qu'y versent, d'espace en espace, de petits bouillons qu'on voit sortir d'autant de coquilles. Dans le centre est une grosse gerbe qui s'élève à 70 pieds. Au-dessus et tout autour règne une terrasse ornée d'une seconde balustrade, également octogone, qui ne diffère de l'autre qu'en ce que l'appui est en marbre blanc, et les balustres en marbre de Languedoc. La plinthe et les pilastres de cette dernière balustrade sont couverts de quarante-quatre bas-reliefs fort estimés, représentant les armes anciennes et modernes, employées par les différentes nations de l'Europe ; ces ouvrages sont de Girardon, Mazeline et Guérin. Autour et dans l'intérieur de l'enceinte, ont été rangées circulairement huit statues de marbre blanc, savoir, en commençant par la droite :

Une nymphe de Diane portant les filets de cette déesse, et caressant sa levrette, par Flamen ;

Flore, par Magnier ;

Amphitrite tenant une écrevisse, par Augier ;

Arion jouant de la lyre, par Raon ;

Ino, devenue la nymphe Leucothoé, tenant un aviron, par Rayol ;

Le Point du Jour, sous la figure d'un jeune homme qui a un flambeau à la main et un hibou à ses pieds, par Legros ;

La nymphe Galathée, par Tuby ;

Le berger Acis, son amant, jouant de la flûte, par le même.

Le triangle opposé à celui dans lequel nous venons de voir le bosquet des dômes, renferme le bassin d'Encelade, qui est rond et entouré d'une enceinte d'arbres. Le milieu est occupé par un monceau de rochers, sous lesquels semble se débattre Encelade, l'un des géans foudroyés par Jupiter, avec les monts qu'ils avaient entassés pour escalader les cieux. Il laisse voir sa large main, sa tête énorme et

Bassin d'Encelade.

ses énormes épaules, parmi les débris qui cachent ou écrasent le reste de son corps; débris figurés par de si petits cailloux, que la moindre secousse du géant suffirait pour l'en débarrasser. Cette tête et la partie du corps qui se voit sont fort bien exécutées par Marsy. La bouche vomit un jet de 60 pieds de haut et d'un volume extraordinaire. La main jette aussi de l'eau, ainsi qu'une partie des cailloux.

<small>Quinconce du Nord.</small> De ce bassin, on peut, en repassant par celui de Flore, gagner le quinconce du nord, qui fait le pendant de celui du midi, décrit plus haut. Il est également orné d'un grand vase et de huit Termes en marbre blanc, dont quatre placés aux quatre angles du gazon qui en occupe le milieu, et quatre adossés à la charmille qui en forme l'enceinte.

Les quatre premiers sont :

L'Abondance, suivant nous, et Pomone, suivant toutes les descriptions que nous avons sous les yeux (1).

---

(1) Le lecteur jugera si l'on peut reconnaître les attributs caractéristiques de la déesse des fruits.

Un Satyre jouant de la syringe;
Flore couronnée de fleurs;
Un Faune prétendu antique.
Et les quatre autres :

Cérès, couronnée d'épis, avec une corne d'abondance dans sa main;

Hygie, ou plutôt Esculape, malgré sa tête de femme, avec une couronne de lierre, une aiguière, une coupe, une vipère et une peau de lion (1);

Une autre Cérès couronnée d'épis et enveloppée d'une draperie (2);

Enfin l'Hiver qui se couvre de son manteau.

Cette dernière figure est de Théodon, et

---

dans deux cornes d'abondance, l'une remplie de fruits, l'autre de pièces de monnaie qu'elle répand.

(1) Si tous les auteurs qui ont parlé de cette statue l'eussent examinée comme nous, ils y auraient, comme nous, remarqué, avec les attributs du dieu de la médecine, une tête de femme rapportée sur un corps d'homme.

(2) Je ne sais laquelle de ces deux Cérès est métamorphosée en Cybèle par toutes les descriptions; une couronne d'épis n'est pourtant pas une couronne de tours.

d'un fort bon style ; les autres, par différens sculpteurs, d'après les dessins du Poussin, sont aussi médiocrement exécutées que peu soignées. Le vase orné de trophées et d'instrumens pastoraux est de Robert.

<small>Bosquet des Bains d'Apollon.</small> Sortant de ce quinconce par la principale issue qui est au levant, en face du parterre de Latone, on trouve, à gauche, la grille qui introduit dans le plus agréable de tous les bosquets fermés du parc, celui d'Apollon. Sa beauté ne consiste point dans les ornemens symétriques de l'art : ici tout est, ou la nature même, ou sa parfaite ressemblance. Un énorme rocher, de la forme la plus pittoresque, de la masse la plus imposante, sans cacher parfaitement les traces de la maçonnerie dont il est composé, n'y produit pas moins une illusion si complète, qu'il est difficile de s'en défendre. J'ai cru revoir quelques-unes de ces roches sauvages et majestueuses que m'ont offertes les diverses montagnes où j'ai voyagé.

Au milieu, s'ouvre une vaste grotte que paraissent soutenir de lourdes colonnes grossièrement ébauchées ; c'est l'entrée du palais de Thétis, dont les nymphes s'empressent de servir Apollon, au moment où il vient se reposer des fatigues du jour dans les bras de la déesse. Deux d'entre elles se disposent à lui laver les pieds, une troisième lui verse de l'eau dans un bassin : trois autres sont debout derrière lui ; l'une prend soin de ses cheveux, et deux tiennent des vases à parfums. Elles sont toutes belles comme le dieu même qu'elles servent; leurs attitudes sont gracieuses et naturelles, et leurs humides draperies si légères, qu'elles dérobent à peine les charmes de la nudité. Les trois premières, ainsi que le dieu, sont le chef-d'œuvre de Girardon, les trois dernières de Regnaudin.

A droite et à gauche de ce premier et magnifique groupe, s'en présentent un second (par Guérin), et un troisième (par Marsy), qui l'accompagnent on ne peut plus heureusement. Ce sont, dans l'un comme dans l'autre, les chevaux du Soleil abreuvés par des Tritons: deux d'entre eux se battent; l'un des deux mord la croupe de son rival qui se cabre : un Triton lève un bras nerveux pour les retenir.

Ces trois beaux groupes, exécutés en

marbre blanc, forment le plus parfait ensemble de sculpture que possède Versailles. Il devait faire un bien mauvais effet, le triple baldaquin de métal doré dont on les avait couverts dans l'origine, et que j'ai vu quelques personnes regretter. Les seuls baldaquins qui leur conviennent sont les voûtes rustiques de la grotte.

Les nappes d'eau qui s'échappent en torrens des diverses parties du rocher, ajoutent, au ton sauvage et naturel que lui a imprimé Robert, dessinateur de ce bosquet, un mouvement et un bruit qui semblent animer la scène, avec une fraîcheur délicieuse, augmentée encore par le petit lac que forment toutes ces cascades au pied du rocher. C'est ainsi que j'ai vu s'échapper les eaux des grottes de Sassenage en Dauphiné, de Roya en Auvergne [1], je dirai presque de Tivoli, près de Rome [2]. Des arbres de haute tige,

---

[1] Décrites dans notre Itinéraire de la France, route de Paris à Turin, page 109, et de Paris à Beaucaire, page 172.

[2] V. même ouvrage, routes de Paris à Rome, page 129.

parmi lesquels il en est beaucoup d'étrangers, ombragent le reste de l'enceinte et jusqu'au sommet du rocher.

Des siéges et un tapis de gazon offrent, en face de ce rocher, de ces cascades, de ces groupes et de ce lac, d'agréables repos aux amateurs de la belle nature, et des beaux-arts qui n'en sont que l'imitation.

Tel est le bosquet des bains d'Apollon: il n'en est aucun où l'on s'arrête avec plus d'enchantement. On est devant des chefs-d'œuvre de sculpture, dans l'enceinte de la plus magnifique habitation de l'Europe, et l'on se croirait à mille lieues du monde habité, au sein de la nature même, qu'on s'imagine prendre, pour ainsi dire, sur le fait. La construction de ce rocher a coûté des sommes énormes (1), qui auraient suffi pour édifier plusieurs palais.

Après avoir remonté, de l'ouest à l'est, le côté méridional de cette partie des jardins, Rond Vert. nous allons en redescendre, de l'est à l'ouest,

---

(1) Les uns disent un million, les autres quinze cent mille francs.

le côté septentrional, en commençant par le Rond-Vert, boulingrin circulaire, entouré d'une charmille, dans laquelle sont ouvertes quatre niches de verdure remplies par les quatre statues suivantes, ouvrage de divers artistes, d'après l'antique :

Diane caressant sa levrette ;

En face, Bacchus couronné de pampres avec une grappe à la main ;

Et deux Faunes jouant des cymbales.

Le bosquet qui entoure ce boulingrin est entouré lui-même d'une allée quadrangulaire, aux angles de laquelle sont trois niches de verdure et un petit bassin ovale. Des trois niches, deux seulement sont remplies, l'une par un groupe, d'après l'antique, représentant un Satyre, et un berger qui joue de la syringe, l'autre, par un très-beau buste antique, en marbre blanc, avec tunique en marbre portor. On veut reconnaître dans le groupe, les uns le Satyre Marsyas montrant à Olympe à jouer de la syringe ; les autres, du nombre desquels est Montfaucon, le dieu Pan montrant la musique à Apollon.

Quant au buste, placé depuis peu, il n'est encore mentionné que par le *Cicerone*, qui ne nous en apprend rien, sinon que c'est un buste restauré, et par M. Piquet, qui nous apprend de plus que c'est une tête d'Adrien. Tel est en effet le nom dont elle a été baptisée, sur je ne sais quel fondement, puisqu'on n'y reconnaît pas du tout les traits que les médailles antiques donnent à Adrien, connu en outre comme le premier empereur romain qui ait laissé croître sa barbe. On sait de plus qu'il la portait fort longue pour cacher une cicatrice, et la figure à laquelle on a donné son nom est aussi unie qu'imberbe. Enfin, c'est le buste d'un très-jeune homme, et Adrien n'est monté sur le trône qu'à l'âge de 41 ans. En voyant une aussi jeune et aussi belle tête, on serait bien plus tenté d'y reconnaître, au lieu de l'empereur Adrien, dont les traits ne paraissent avoir eu rien de remarquable, celle de son favori Antinoüs, si l'on y retrouvait le caractère grec que l'antiquité donne à la figure de ce jeune Bithynien. Mais cette tête rapportée et parfaitement intacte est-elle vraiment antique? Peut-elle avoir été séparée de son tronc sans être mutilée dans aucune de ses parties, et si elle a été refaite pourquoi la décorer d'un nom antique?

Bassin des Enfans. Le bassin, placé au quatrième angle, est décoré d'un groupe de six jolis enfans en plomb, jouant dans une petite île qui en occupe le milieu. Deux autres sont détachés, et nagent avec une grâce tout-à-fait enfantine. On a le regret d'ignorer le nom de l'artiste auquel est dû ce charmant groupe, qui ne peut appartenir qu'à l'un de nos meilleurs sculpteurs. Une gerbe sort à gros bouillons du milieu de l'île, et s'élève à 48 pieds.

C'est, de tous les bassins du parc, le plus petit, le plus solitaire, le plus ombragé; c'est aussi celui au bord duquel j'aimais le plus à me reposer. Un banc enfoncé dans une niche de verdure m'y invitait; la rosée du jet d'eau venait expirer à mes pieds, en rafraîchissant le feuillage qui m'ombrageait. Le même ombrage couvre aussi le bassin, dont les eaux ne reçoivent les rayons du soleil qu'autant qu'elles vont les chercher au haut des airs. Le silence mystérieux qui règne dans cette étroite enceinte de verdure, n'est interrompu que par le gazouillement des oiseaux qu'il attire, et par le murmure de l'eau qui s'élance et retombe. Trois allées, peu fréquentées, en sont les uniques avenues. Ainsi quelques passans troublent, d'intervalle en intervalle, les rêveries que ce frais réduit inspire, ou les tendres sermens qu'il favorise.

Continuant notre direction de l'est à l'ouest, nous entrons d'abord dans la salle de l'Etoile, ainsi nommée à cause des trois allées qui s'y croisent. En se plaçant au centre des six rayons qu'elles forment, on voit, au bout de quatre d'entre eux (les deux autres faisant partie d'une longue allée transversale), les quatre statues antiques, ou d'après l'antique, de Mercure, d'Uranie, d'Apollon et d'une Bacchante, dans autant de niches de verdure : les petits bosquets triangulaires qui entourent cette étoile sont entourés eux-mêmes d'une allée pentagone (V. le plan ci-joint) où figurent encore, les quatre statues dont nous venons de parler. Une autre allée l'embrasse circulairement, et présente aussi quatre niches, dont les deux seules occupées renferment, l'une le groupe de Ganimède et Jupiter métamorphosé en aigle, l'autre une statue restaurée, qu'on croit être un Bacchus.

Salle de l'Étoile.

L'allée qui traverse l'Etoile, en partant du petit bassin des Enfans, se prolonge

Bassin de l'Obélisque.

jusqu'à celui de l'Obélisque, qu'elle traverse de même, pour aller se terminer à l'allée d'Apollon, où se terminera aussi notre description du parc. Le bassin de l'Obélisque est ainsi nommé, à cause de la forme que prennent dans les airs les cent jets dont il se compose, d'où lui vient encore le nom des Cent Tuyaux. Ils jaillissent tous d'un massif de roseaux en plomb, groupés autour d'un jet principal, qui s'élance d'un bassin supérieur, d'où l'eau retombe dans un autre, par des gradins formant autant de nappes et de cascades.

Il ne nous reste plus rien à décrire dans les jardins, le parterre et le parc de Versailles. Là, comme dans l'intérieur, tout est grand comme le grand monarque, et somptueux comme sa cour. Si, dans le palais, tout est or, marbre et peinture, dans les jardins, tout est marbre, bronze et sculpture, indépendamment du charme, qui se reproduit sans cesse, des ombrages touffus et des eaux de toute part jaillissantes. Les Pujet, les Coustou, les Coysevox, les Girardon, et une foule d'autres célèbres sculpteurs s'y sont disputé, avec le prix du talent, les hommages de la postérité. Un plus grand nombre d'artistes sans nom nous ont étonnés, en obtenant aussi nos applaudissemens, auprès de ces grands maîtres, dont ils se montrent souvent les dignes rivaux. Si la plupart des statues n'étaient des copies d'après l'antique, et si celles qui sont réellement antiques étaient d'un meilleur choix, on pourrait regarder ce parc comme un véritable muséum de sculpture qui dispenserait nos élèves d'aller chercher leurs modèles à Rome (1).

Une seule de ces belles et innombrables statues, un seul de ces beaux et innombrables groupes suffirait, ailleurs, pour captiver l'admiration : ici, elle ne sait où se reposer, au milieu de tant de richesse et de magnificence, ayant à se partager entre les chefs-d'œuvre de sculpture et ceux de la nature, soumise aux règles de l'art par le célèbre dessinateur, André Lenôtre. Il fut pour les jardins de Versailles ce que furent Jules-Hardouin Mansard pour l'architecture, et Charles

---

(1) Nous avons déjà observé que le château est lui-même un véritable muséum de peinture.

Lebrun pour la peinture. C'est à lui que nous devons la plupart de ces jets, de ces gerbes, de ces cascades, enfin tous ces jeux des eaux qui, reproduits sous mille formes, convertissent, pour ainsi dire, la nature morte en nature vivante, en animant tout-à-coup une multitude de scènes, muettes sans elles, et comme privées de vie par le repos et le silence. Elles la recouvrent aussitôt que les eaux jouent. Ce sont autant de spectacles hydrauliques qui, très-recherchés des Parisiens, les attirent en foule, lorsqu'on en est prévenu par les journaux. Alors tout est mouvement dans le parc; à celui des eaux se joint celui de la multitude des promeneurs qui courent, d'un bassin à l'autre, repaître tour à tour leurs regards de la variété des effets, et remplacer sans cesse leurs jouissances par des jouissances nouvelles.

GRAND ET PETIT TRIANON.

L'ADMIRATION n'est pas encore épuisée, tant que nous n'avons pas vu le grand et le petit Trianon. Ces deux maisons royales, situées à une extrémité du parc, sont si riches en objets intéressans, que, pour les voir tous et les bien voir, il ne faut guère moins d'une quatrième journée. *Façade du Grand Trianon.*

Après avoir gagné l'allée d'Apollon, qui termine, à l'ouest, la première enceinte du parc, nous en sortirons par son extrémité septentrionale, pour aller joindre la double grille de ce double château. Agréablement développée en fer à cheval, elle présente deux entrées, sur les deux avenues. Celle qui s'ouvre à gauche, va nous conduire au grand Trianon, le premier qu'on visite ordinairement, et le seul des deux qui puisse mériter le titre de château.

Il semble que l'architecte, Jules-Hardouin Mansard, ait voulu réaliser ici un de ces palais enchantés décrits par les poètes. Rien de plus élégant et de plus magnifique à la fois, rien de plus ravissant que ce séjour, qui rappelle aux amateurs du Tasse celui de la voluptueuse Armide. La façade offre l'apparence d'un palais de marbre, tant cette riche matière y est prodiguée. Deux ailes en retour d'équerre, sont réunies entre elles par une galerie qui figure la façade principale : c'est ce qu'on appelle le péristile. Percé de sept grandes arcades, il présente, dans son milieu, huit colonnes accouplées et ioniques en marbre de Campan, et dans toute sa longueur, quatorze pilastres du même ordre, en marbre de Languedoc, également accouplés, dont huit répondent aux colonnes du milieu. Les deux ailes sont décorées de pilastres semblables. On y en compte 15 de chaque côté et 6 à chaque bout.

Tous les chapiteaux sont en marbre blanc, et tout l'édifice, consistant dans un seul étage de rez-de-chaussée, est couronné d'une frise en marbre de Languedoc, sur laquelle règne une balustrade en pierre, couronnée jadis elle-même de vases et de groupes, détruits depuis la révolution. Derrière cette balustrade, interrompue, de distance en distance, par des panneaux également en marbre de Languedoc, se dérobe un comble construit à l'italienne, comme celui du château de Versailles.

Le même marbre règne encore dans l'intérieur du péristile, que décorent quatorze colonnes ioniques engagées dans le mur du côté des jardins, et un pareil nombre de pilastres du même ordre du côté de la cour. Les arcades étaient auparavant sans vitrages; Buonaparte y a fait adapter ceux qu'on y voit aujourd'hui. *Intérieur du Grand Trianon.*

Pavé en carreaux de marbre blanc et noir, et plafonné en plâtre, par compartimens à corniches denticulées, ce péristyle sert de vestibule aux deux ailes, où se trouvent les appartemens, moins remarquables d'ailleurs par eux-mêmes que par les tableaux, statues et autres objets d'art dont ils sont décorés. Nous ne les décrirons pas avec détail, parce qu'ayant été souvent changés, ils sont sujets à l'être encore.

Dans la première pièce à droite, dite des Gardes du Corps, nous n'avons pas vu sans surprise une statue de Minerve (par Vassé), près d'un autel caché derrière une espèce de devanture de placard qui, en s'ouvrant, convertit cette salle en chapelle. La plus sage des déesses du paganisme aurait-elle paru justifier ce singulier amalgame du sacré avec le profane?

Dans la seconde pièce, nous avons admiré un magnifique portrait de Louis XV, en tapisserie des Gobelins, et une jolie petite statue équestre, en bronze, du même roi, par Bouchardon; dans la quatrième, un petit relief en agate, morceau très-précieux trouvé parmi les ruines d'Herculanum, et représentant une cérémonie religieuse; dans la suivante, deux tables, une grande cuvette et deux cippes en malachite. Cette pierre précieuse, que nous fournissent, en si petits échantillons, les mines de cuivre du Nord, forme ici, à elle seule, presque tout l'ameublement d'une salle. Enfin, la dernière nous présente quatre vues de Versailles, dont la plus frappante est celle du bassin de Neptune, avec tous ses jets d'eau. Notre indicateur nous y a fait remarquer aussi un curieux effet d'acoustique, en plaçant l'un de nous à un coin de la salle, et lui faisant entendre, du travers du lambris, ce qu'il disait à voix basse dans l'angle opposé.

La galerie de peinture, à laquelle cette salle sert de vestibule, renferme un grand nombre de tableaux, mobiles comme ceux des appartemens, et, par cette raison, sujets de même à être déplacés. Il ne peut donc entrer dans notre plan d'en donner la description ni même la nomenclature. Un portrait du comte de Toulouse encore enfant, sous la figure d'un Amour endormi, par Mignard; et les trois ambassadeurs de Maroc, au spectacle, charmante miniature de Coypel; tels sont les morceaux de peinture qui m'ont fait le plus d'impression dans cette galerie, et comme je les y vois depuis nombre d'années, il est à présumer qu'ils sont destinés à y rester.

Parmi les sculptures, je ne citerai qu'un joli Cupidon en marbre blanc, qui joue avec un papillon et une rose, chef-d'œuvre de Chaudet, et son pendant, l'Amour endormi, par M. Lhorta. On y a vu figurer long-temps de nombreux modèles de navires, exécutés avec une perfection et des proportions telles qu'on eût cru les voir dans leur grandeur naturelle : le plus grand représentait l'Océan, vaisseau de ligne à trois ponts. On y en comptait une quinzaine de tout bord ; c'était comme une petite flotte. Elle a été enlevée, pour servir, dit-on, à l'amusement et à l'instruction du duc de Bordeaux.

Dans les appartemens de derrière, les deux seules pièces qui arrêtent les curieux, sont un salon, garni de portraits de la famille royale, et la salle à manger attenante, où se fait remarquer, entre deux belles vues flamandes, un magnifique tableau de neige, par César Vanloo : jamais l'hiver n'a été peint avec tant de vérité.

L'appartement de l'aile gauche renferme aussi plusieurs tableaux de l'école moderne. Les sujets et les auteurs ne peuvent en être indiqués que par les gardiens, et c'est une tâche dont ils ne manquent guère de s'acquitter. Dans la deuxième pièce est une table en marqueterie, chef-d'œuvre des Sourds-Muets de l'Institut royal ; dans la troisième un ouvrage en ivoire travaillé au tour, dont le mérite consiste dans la difficulté vaincue. La dernière est un salon entièrement revêtu de glaces.

Les jardins du Grand Trianon ne sont pas montrés ordinairement par les gardiens du château, qui n'ont coutume de faire voir que ceux du Petit Trianon. Un bosquet sépare les uns des autres. C'est par là qu'on nous y a conduit, sur notre demande, et pour faire suivre à nos lecteurs la même marche, nous ne les y conduirons qu'après avoir visité avec eux le Petit Trianon et les jardins qui en dépendent.

Pavillon du Petit Trianon.

Le Grand Trianon n'est grand que par comparaison avec le petit, simple pavillon de forme carrée et de cinq croisées de face, construit avec goût en belle pierre de taille, sur les dessins de Gabriel. Il est décoré de pilastres cannelés d'ordre corinthien, du côté de la cour, et de quatre colonnes du même ordre à la façade principale donnant sur le jardin français. Son comble à l'italienne est bordé, comme celui du Grand Trianon, d'une balustrade, que couronnaient jadis des vases et des groupes, détruits dans la révolution.

On ne remarque, dans l'intérieur, que le boudoir de la Reine, dont les murs sont parsemés de riches arabesques, et sa chambre à coucher, dont le plafond est, comme toute la pièce, drappé en étoffe de soie bleue. Le joli lit, garni de mousseline brodée en or, qu'on y voit, n'a servi, dit-on, qu'à l'impératrice Marie-Louise.

Les constructions insignifiantes, formant les dépendances de ce pavillon, renferment une petite chapelle qui n'a rien de curieux.

Jardin anglais du Petit Trianon. Ce qu'on admire dans le Petit Trianon, n'est pas l'édifice même, trop peu remarquable pour mériter à lui seul d'être visité, mais son jardin anglais, vrai modèle de paysage et de nature artificielle. Ce qu'on admire le plus dans ce jardin, n'est pas la jolie rotonde du temple de l'Amour, ni le groupe qu'elle renferme, représentant ce dieu et sa mère, par Vassé (1), ni le pavillon octogone, nommé Salon de Musique de la Reine; mais bien la beauté des arbres, la plupart étrangers, parmi lesquels domine un cèdre du Liban, le jeu des eaux qui s'épanchent en ruisseaux ou s'étendent en nappes, la beauté des ga-

---

(1) Il a remplacé une belle statue de l'Amour, regardée comme le chef-d'œuvre de Bouchardon.

zons qu'elles arrosent, les coteaux sinueux, verdoyans et ombragés où elles murmurent, le lac solitaire où elles se réunissent ; enfin le hameau pittoresque où l'on montre, avec le modeste château du seigneur, les manoirs plus modestes encore du bailli et du curé. Un petit lac et un petit moulin, une laiterie où les tables sont toutes en marbre aussi blanc que le lait auquel elles sont consacrées, et les pavés en carreaux de marbre blanc et noir; enfin la tour de Malborough, aussi hardie qu'élégante dans sa simplicité, concourent à l'embellissement de ce lieu romantique.

Un peu plus loin est la ferme aux Vaches Suisses, et près du kiosque déjà mentionné sous le nom de Salon de musique de la Reine, une grotte des plus sauvages, où le gardien ne nous a conduit que sur notre réclamation, en prétextant l'obscurité de cette grotte qui en rend, disait-il, le trajet difficile et dangereux. Cette difficulté est réelle, mais le danger est imaginaire.

Attenant à ce jardin anglais, dessiné par l'architecte Mique, ainsi que toutes les fabriques qui le décorent, et entre les deux

Jardin français du Petit Trianon.

châteaux, est un tout petit jardin français, dont la distribution offre une promenade fort agréable, quoique peu étendue. Il a pour ornemens un pavillon de forme curieuse, à l'italienne, qui servait de salle à manger d'été, et quatre bassins avec groupes en plomb, représentant des enfans qui jouent avec des poissons et des oiseaux aquatiques. Une allée qui le borde conduit à une jolie petite salle de spectacle.

Au bout de ce jardin, une barrière en fer et un pont, jeté sur un chemin creux qui mène à la pépinière, donnent entrée dans le bosquet intermédiaire déjà mentionné (p. 243). Les embellissemens de ce bosquet consistent en un bassin rond avec groupe d'enfans en plomb, une cascade avec un seul enfant également en plomb, et une petite statue d'Atalante luttant à la course.

Jardin du Grand Trianon. Une seconde barrière s'ouvre sur le jardin du Grand Trianon. Celui-ci, distribué à la française comme le précédent, et d'une plus vaste dimension que le jardin anglais, semble vouloir lutter avec lui de grâce et de beauté; mais il est vaincu dans cette lutte inégale: la nature reprend à Trianon sa supériorité, que nous avons vue presque balancée par les efforts de l'art dans les jardins de Versailles.

Je ne décide point entre Kent et Lenôtre,
L'un, content d'un verger, d'un bocage, d'un bois,
Dessine pour le sage, et l'autre pour les rois.
Les rois sont condamnés à la magnificence,
On attend autour d'eux l'effort de la puissance;
On y veut admirer, enivrer ses regards,
Des prodiges du luxe et du faste des arts.
L'art peut donc subjuguer la nature rebelle;
Mais c'est toujours en grand qu'il doit triompher d'elle,
Son éclat fait ses droits; c'est un usurpateur,
Qui doit triompher d'elle à force de grandeur.
DELILLE, *Poëme des Jardins.*

Le premier objet qui se présente à nous, en arrivant dans le jardin du Grand Trianon est le bassin du Laocoon, ainsi nommé du groupe qui en fait l'ornement principal. Cette copie, en marbre blanc, du plus beau morceau de sculpture qui nous reste de l'antiquité, est de Tuby. Au milieu du bassin on voit un groupe en plomb représentant un jeune satyre qui joue avec une panthère, par Marsy.

Ce bassin conduit et touche à celui de l'amphithéâtre, qui doit son nom à la forme ascendante et demi-circulaire du terrein. Dans le fond est une colonne de marbre rouge, surmontée d'un buste d'Alexandre, en marbre blanc, et dans le centre, un bassin circulaire avec quatre nymphes en plomb, par Hardy. La charmille qui dessine cet amphithéâtre est entrecoupée de vingt-quatre niches de verdure, garnies d'autant de bustes en marbre blanc, la plupart antiques ou d'après l'antique. Quelques-uns représentent des empereurs romains ; ce qui a fait donner aussi à cet amphithéâtre le nom de Salle des Empereurs. Celle des marronniers, qui lui succède, offre une longue pièce de gazon que termine à chaque bout un bassin orné de groupes d'enfans en plomb. Sur un des côtés est une statue d'Apollon, par Lefèvre.

Vient ensuite la cascade : elle est en marbre de Languedoc et de Carrare. Cinq bassins la composent, étagés en gradins les uns sur les autres. Au sommet domine, entre deux lions, un groupe de Neptune et Amphitrite (1), tenant une conque penchée, en

---

(1) La plupart des auteurs le désignent ainsi,

guise d'urne; dans le second bassin, ou gradin, sont deux cuvettes rondes en marbre blanc, supportées par des pieds du même marbre, extrêmement riches de sculptures; sur la paroi qui soutient le deuxième gradin et domine le troisième, est un joli bas-relief représentant la naissance de Vénus; le quatrième est garni de trois cuvettes de marbre blanc, et le dernier simplement entouré d'une tablette en marbre de Languedoc. Les figures, exécutées en plomb, jadis doré, sont de Vanclève et autres artistes. Cette cascade, quoique peu dégradée en apparence, ne joue plus depuis long-temps. A droite et à gauche de la salle de verdure qui l'accompagne, sont les statues de Louis XV et de la reine Marie Leczinska, son épouse, sous l'emblême de Jupiter et de Junon, par Coustou.

Tout près de là est le bassin circulaire du Rond d'eau, orné de Tritons avec un Amour, en plomb, et un peu plus loin, celui du Miroir, le plus beau du Grand Trianon. Il est

---

d'autres disent, avec plus de raison, un Fleuve et une Naïade.

divisé en supérieur et inférieur : le premier offre, dans son milieu, un groupe d'Amour, et sur ses bords deux Dragons qui jettent de l'eau, le tout exécuté en plomb, par Hardy. Au pourtour, on voit une assez médiocre copie du Rémouleur antique. Le second bassin présente, dans l'intérieur deux groupes d'enfans qui jouent avec des crabes et des coquilles, dans le pourtour deux statues antiques et des vases.

Traversant la plantation appelée le Grand Quinconce, on arrive au Parterre bas, au milieu duquel est un bassin octogone, ayant pour ornement un enfant en plomb, par Marsy; et de là au Parterre haut, qui renferme deux bassins circulaires avec groupes d'enfans, également en plomb, par Girardon. Six vases en marbre blanc, enrichis de sculptures, concourent à la décoration de ce double parterre, qu'embellit encore plus, toute irrégulière qu'elle est de ce côté, la façade du château, composée de diverses ailes, et beaucoup plus développée que celle de devant. Le milieu du principal corps-de-logis, occupé intérieurement par la galerie du péristile, présente extérieurement quatorze colonnes engagées, dont douze accouplées. Elles sont en marbre de Languedoc, et couronnées de chapitaux ioniques en marbre blanc. Le même ordre et les mêmes marbres règnent dans les nombreux pilastres qui garnissent le reste de cette élégante façade, ou plutôt de cette suite de façades.

Des bosquets en labyrinthe, magnifiquement distribués et percés, occupent les derrières et forment le complément des jardins du Grand Trianon. Ils renferment divers ornemens, répandus dans cinq salles de verdure. La première qui se présente est la Salle ronde, entourée de six piédestaux, dont quatre portent les statues suivantes : Une dame romaine, antique ; un Faune, d'après l'antique, par Foggini ; une Minerve et un Guerrier, par Bertin. Les deux autres sont dégarnis.

Peu éloignées de cette salle, celle de Mercure et des deux Vases, attenantes l'une à l'autre, sont décorées, la première d'un Mercure et d'une dame Romaine ; la seconde d'une Diane, d'après l'antique ; celles de la Table et des trois Salons, également contigües, renferment, la première une table de marbre et deux piédestaux sans figure, la seconde une Minerve et une Flore drapées en marbre noir, d'après l'antique, et une Vénus de Médicis. Au bout de la belle allée du Mail, se présente magnifiquement en perspective le château de Rocquencourt, ancienne propriété de Mesdames, devenue celle de M. Doumerc, qui l'a revendue depuis quelques années.

Quand on veut tout voir, on ne doit pas terminer cette excursion sans visiter le beau réservoir ou bassin, qui, placé entre le Grand et le Petit Trianon, fournit toutes les eaux de l'un et de l'autre.

Après avoir achevé de parcourir avec nous cette double maison royale, nos lecteurs ne seront pas fâchés d'apprendre qu'avant la construction du château de Versailles, Trianon était un village dépendant des Moines de S.te-Geneviève, desquels Louis XIV l'acheta en 1663, pour l'enclore dans son parc. Il fit abattre l'église avec les maisons du village, et bâtir, sur l'emplacement, un château de fantaisie, le Grand Trianon, qui fut d'abord appelé Palais de Flore, parce que le parterre en était destiné à rassembler toutes les espèces de fleurs connues.

Louis XV, qui se plaisait à y vivre loin de l'étiquette de la cour, voulut s'isoler encore davantage, en faisant bâtir le Petit Trianon. L'un des capitaines de sa garde, qui s'occupait de botanique, lui inspira l'idée de consacrer à cette science les jardins qui devaient accompagner le nouveau château ; et bientôt les jardins botaniques de Trianon devinrent célèbres par les expériences de Bernard de Jussieu, qui en était le directeur.

Louis XVI donna depuis la jouissance de ce château et de ses dépendances à la reine Marie-Antoinette, qui les rendit encore plus agréables, en les rapprochant de la nature. Le charmant jardin anglais, qui fut construit sous ses yeux et presque sous sa direction, portait alors le nom de Jardin de la Reine. Le plus bel éloge qu'ait cru pouvoir en faire Delille, fut de comparer l'ouvrage à l'auteur dans les deux vers suivans :

« Semblable à son auguste et jeune déité,
Trianon joint la grâce avec la majesté ».

La première de ces deux maisons royales est située à l'extrémité du bras septentrional du grand canal, dont le bras opposé aboutit, en face, aux bâtimens de la Ménagerie royale, partie détruits, partie convertis en ferme, depuis la révolution.

Les deux Trianons sont enclavés dans le petit parc, pentagone irrégulier de 2,400 toises de long sur 1,600 de large ; le grand a, dit-on, 20 lieues de tour. Ces mesures, que je n'ai pas vérifiées, comme on le présume bien, m'ont été fournies par les auteurs. Quoi qu'il en soit, la dernière, difficile à déterminer depuis que la révolution a fait disparaître, en grande partie, les murs de clôture, ne peut avoir vingt lieues qu'en comptant rigoureusement toutes les sinuosités ; car son plus grand diamètre étant de trois lieues au plus, sa circonférence réelle ne saurait être évaluée à plus de neuf. Il y a des républiques, même florissantes qui sont moins étendues, comme il est des états, même puissans, dont toutes les possessions ne valent pas ce qu'ont coûté le château, les jardins et le parc de Versailles.

Frais de construction du château de Versailles. On lit dans beaucoup d'auteurs que, pour dérober la connaissance de ces frais aux contemporains et à la postérité, Louis XIV en jeta les mémoires au feu. On y lit aussi qu'ils s'élevaient à des sommes énormes ; mais l'opinion n'a pu être fixée par des exagérations contradictoires qui se détruisaient les unes les autres. Mirabeau n'a pas craint d'en porter le montant à plus de douze cent millions, dans sa dix-neuvième lettre à ses commettans, qu'il n'égarait pas moins par ses fausses assertions que par sa factieuse éloquence. Un autre écrivain plus récent et plus hardi, dont M. le Cardinal de Beausset cite l'opinion, sans le nommer (Histoire de Fénélon 3.e édit., t. IV, p. 472.), porte les mêmes dépenses à quatre milliards six cent millions (1).

(1.) Cet auteur est Volney, qui, dans ses Leçons sur l'Histoire, s'exprime ainsi (page 141) : « Si « Louis XIV eût employé en chemins et en ca- « naux les quatre milliards six cent millions qu'a « coûté son château, déjà en dégât, la France « n'eût vu ni la banqueroute de Law, ni ses consé- « quences reproduites parmi nous.
« Il existait, chez l'ancien intendant des bâti- « mens (d'Angivillers), un manuscrit, superbement « relié, qui était le registre des frais de la cons- « truction de Versailles, et dont le résumé, au der- « nier feuillet, était de quatorze cent millions de « livres tournois, mais l'argent était à 16 francs le

A ces calculs exorbitans, le Cardinal de Beausset oppose ceux de M. Guillaumot, ancien architecte des bâtimens du Roi. « Il
« compulsa, dit le cardinal, toutes les ar-
« chives du département des bâtimens, et
« elles lui offrirent tout ce qu'il cherchait,
« pour réduire à leur juste valeur tant d'as-
« sertions mensongères.

« On reste frappé d'étonnement en appre-
« nant que toutes les dépenses du château et
« des jardins de Versailles, de la construction
« des églises de Notre-Dame et des Récollets
« de la même ville, de Trianon, de Clagny
« et de Saint-Cyr, du château, des jardins et
« de la machine de Marly, de l'aquéduc de
« Maintenon et des travaux de la rivière
« d'Eure, qui devait conduire ses eaux à Ver-
« sailles, enfin, des châteaux de Noisy et
« Moulineux, ne se sont élevés, dans l'espace
« de vingt-sept ans, depuis 1664 jusqu'à 1690,

« marc, et il est de nos jours à 52 livres ». C'est sur cette différence, d'ailleurs erronnée, du marc d'argent, que Volney base, sans doute, son résultat de quatre milliards six cent millions, quoiqu'il n'en dise rien.

« époque où la guerre fit suspendre tous les
« travaux, qu'à la somme de cent soixante-
« onze millions trois cent cinq mille trois
« cent quatre-vingt-huit livres deux sous dix
« deniers, valeur d'aujourd'hui, à cinquante-
« deux livres le marc (1).

« Et il faut observer que dans cette somme
« sont compris, le prix de l'indemnité des
« terres que Louis XIV réunit au parc de

---

(1) M. Guillaumot me semble avoir pris une fausse
base, en donnant à ces dépenses la valeur d'aujourd'hui, d'après la seule différence du marc d'argent, évalué au double, à peu près, de ce qu'il
était sous Louis XIV, sans avoir égard au prix de
la main-d'œuvre et des matériaux, qui est bien
plus que doublé aujourd'hui, ce qui rend l'évalua-
tion des différences à peu près impossible, sans
compter que le marc a varié dans tous les temps,
particulièrement sous Louis XIV, ce qui réduit
M. Guillaumot à la ressource, peu positive, des
termes moyens. Il pouvait esquiver la difficulté, qui
n'entrait pas dans sa tâche, en se bornant à nous
donner les comptes tels qu'ils étaient, valeur du
temps, sauf à chacun d'en faire l'estimation d'après
les taux actuels.

« Versailles, les frais d'achats et d'acquisi-
« tions des tableaux anciens et modernes, des
« statues antiques, des grands ouvrages d'ar-
« genterie, des étoffes d'or et d'argent pour
« les meubles, du cabinet des médailles, des
« cristaux, agates et autres raretés; enfin,
« deux millions pour les honoraires des con-
« trôleurs, inspecteurs et autres préposés à
« la conduite des travaux pendant ces vingt-
« sept années (1).....

« C'est sur les mémoires originaux que
« M. Guillaumot a relevé lui-même tous
« ses calculs. Ces mémoires existent en-
« core et sont disséminés dans divers bu-
« reaux. Rien ne serait plus facile que de les
« réunir. »

Ce n'est malheureusement pas aussi facile
que le croit M. le Cardinal de Beausset, sur
la foi de M. Guillaumot, qui a puisé ses do-

---

(1) Ici M. le Cardinal de Beausset se trompe; c'est au contraire en ajoutant ces dernières dépenses et quelques autres encore, que M. Guillaumot arrive, comme nous le verrons plus bas, à son total définitif de 187,078,537 livres 13 sous 2 deniers.

cumens je ne sais où; mais je n'ai pu moi-même, en remontant aux sources, découvrir l'existence des mémoires dont il s'agit. Toutes mes recherches ont été infructueuses et n'ont au contraire servi qu'à me convaincre qu'ils n'existaient pas, ou que du moins ils n'existent plus. Je ne joindrai donc pas à ma citation le tableau détaillé de chaque dépense que M. de Beausset emprunte de M. Guillaumot, à l'appui d'un résultat qui n'a rien d'authentique, et qui d'ailleurs n'en est pas un pour moi, puisqu'un grand nombre d'autres dépenses s'y trouvent confondues avec celles du château de Versailles, lesquelles même n'y sont pas complètes, puisqu'elles s'arrêtent à l'année 1690.

Celles-ci m'ont été fournies, avec bien plus de précision, par M. Janson, architecte du Roi, directeur actuel des eaux de Versailles. Le relevé qu'il en a dans ses mains et dont tous les articles, portés en valeur du temps, tels qu'ils ont été extraits, sont, à peu près, moitié moins forts que dans celui de M. Guillaumot, ne monte qu'au total de 86 millions, et de 89 en y comprenant la chapelle, oubliée par ce dernier.

TRIANON.

Voici ce relevé :

DÉPENSES *employées pour bâtir le château de Versailles, terminé en* 1702.

	liv.	s.
Acquisitions foncières.	5,912,104	1
Fouille de terre et convois . . .	6,038,035	1
Maçonnerie.	31,186,012	4
Charpente	2,553,638	1
Couverture	718,679	16
Plomberie.	4,558,077	2
Menuiserie et marqueterie. . .	2,666,422	12
Serrurerie, taillanderie	2,289,062	3
Vitrerie	300,878	10
Glaces, miroirs.	221,631	1
Peinture, dorure	1,676,286	11
Sculpture.	2,696,070	6
Marbrerie	5,043,502	5
Bronze, fonte de cuivre. . . .	1,876,504	6
Fonte de fer pour tuyaux . . .	2,265,114	15
Pavé, carreaux, ciment. . . .	1,267,404	18
Jardin, fontaines et rocailles. .	1,338,715	16
Tableaux et statues	6,517,100	5
Diverses dépenses extraordinaires.	1,799,061	12
Journées au rôle	1,381,701	16
Machine de Marly	3,674,864	8
Rivière d'Eure et de Maintenon.	8,612,995	1
Clagny.	2,074,864	8
Total.	85,668,726	2

TRIANON. 261

Dépenses *de la chapelle de Versailles, depuis 1689, jusqu'à son entière confection en 1702.*

	liv.	s.
Maçonnerie.	818,119	6
Charpente.	690,004	14
Couverture.	8,736	14
Plomberie.	20,519	10
Serrurerie et gros fer.	129,879	»
Vitrerie.	2,535	»
Menuiserie.	49,786	16
Marbrerie.	119,520	19
Peinture sur verre.	17,538	13
Glaces.	25,578	7
Peinture.	118,649	2
Vernis et impression de grosses peintures.	1,027	12
Dorures sur bois, plomb et bronze.	103,246	13
Ferrure de tous les bronzes dorés.	14,777	3
Ouvrages de cuivre et fonte. . .	565	»
Sculpture en pierre, plomb, bronze et bois.	861,975	4
Ouvrages particuliers et menues dépenses.	59,343	4
Plomb pris au magasin du Roi.	81,200	15
Marbres pris au magasin du Roi.	79,820	16
Tapis façon de Perse et du Levant.	30,517	12
Oratoires.	27,000	»
Total. . .	3,260,341	19

non compris les devis, dessins, projets et autres menues dépenses, avant de parvenir à l'exécution.

Les dépenses faites pour parvenir à la construction du château de Versailles, consistant en acquisitions de terrain, contructions, rivière d'Eure, machine de Marly et Claguy, se montent à . . . . 86,668,726 l. 2 s.
Celles de la chapelle, à 3,260,341 19

Total général. . . . 89,929,068 »

M. Janson assure que son état est extrait d'un registre rouge, conservé dans les archives de la Couronne; mais les archives de la Couronne ne possèdent rien de semblable, d'après la lettre que m'a fait l'honneur de m'écrire S. Ex. le duc de Doudeauville, ministre de la maison du Roi (1).

---

(1) Copie de la lettre de S. Ex. le Ministre de la Maison du Roi.

Paris, le 26 avril 1826.

« Vous m'avez demandé, monsieur, par la lettre que vous m'avez écrite le 3 de ce mois, l'autorisation de puiser aux archives de la Couronne, des renseignemens sur les dépenses que la construction et l'établissement du château de Versailles ont pu coûter au roi Louis XIV. Vous pensez que les archives renferment des documens positifs à cet

D'un autre côté, M. Guillaumot, dont nous avons le rapport sous les yeux, déclare que ses calculs ont été puisés dans les mémoires originaux, sans toutefois les citer. Il cite seulement le manuscrit invoqué par Volney, en ajoutant : « Ce manuscrit m'appartient. C'est « un *in-folio* relié en maroquin rouge, orné

égard, et vous desirez en profiter pour émettre sur cet objet, une opinion précise, dans votre Itinéraire descriptif de la France.

« J'aurais désiré, monsieur, pouvoir seconder vos vues, et vous mettre à portée d'enrichir votre ouvrage de renseignemens d'autant plus précieux que beaucoup d'assertions hasardées ont été répandues sur ce sujet ; mais je regrette de n'en avoir pas les moyens. Les archives de la Couronne ne possèdent pas, comme vous paraissez le croire, des documens certains à cet égard : toutes les dépenses des bâtimens du Roi sont, à la vérité, consignées dans des registres qui comprennent l'espace de plus d'un siècle, mais cette collection ne commence qu'à l'année 1668. Il n'existe rien de semblable pour les temps antérieurs à cette époque, et l'on ne pourrait en conséquence y trouver les détails complets de la dépense dont il s'agit. Au surplus, l'Archiviste de la Couronne s'empressera de vous

« de festons et filets en or, doré sur tranches
« avec un cartouche au milieu, aux armes de
« Hardouin Mansard, auquel il est dédié (1).
« L'auteur se dit fils d'un premier commis de
« ce département, et ne s'est fait connaître
« que par ses initiales G. M....... Le citoyen
« Volney ne dit pas (ajoute encore M. Guil-
« laumot) s'il a vu ce manuscrit, ou s'il en
« parle sur le rapport d'autrui. La dernière

mettre à portée d'examiner ces registres, et de les apprécier vous-même, lorsque vous le désirerez.

Recevez, monsieur, etc. »

Le Ministre Sécrétaire d'Etat
au département de la Maison du Roi.
Signé Duc DE DOUDEAUVILLE.

(1) Ce manuscrit *relié en maroquin rouge* nous paraît être le même que le registre rouge dont parle M. Janson, quoiqu'on en ait extrait des résultats si différens. Le plus fort de ces résultats, celui que Volney élève à quatre milliards six cent millions, prouve une erreur évidente de sa part; celui de M. Guillaumot vient à l'appui de l'identité des deux registres, puisque la différence ne porte que sur celle de la valeur du marc d'argent qu'il a cru devoir prendre pour sa règle.

« ligne de chiffres, qui est le résumé de
« toutes les dépenses de ce département, est
« composée des nombres suivans, 153,282,827
« livres 10 sous 5 deniers. Ne serait-il pas
« possible que lui ou la personne qui lui a
« rendu compte de ce manuscrit, ait cru
« voir le zéro des sous à la suite des livres,
« ce qui, en augmentant la somme d'un mil-
« liard, la porterait à 1,532,828,270 livres,
« et on aura été généreux en la réduisant
« à quatorze cent millons. »

Quoi qu'il en soit d'une aussi étrange explication, ce registre n'est pas sans intérêt pour notre époque, puisqu'il paraît remonter à celle de Louis XIV, et avoir sa source dans les bureaux de l'Intendance des bâtimens. Serait-il encore entre les mains des héritiers de M. Guillaumot? C'est une recherche qui ne nous paraît pas indigne des soins du Gouvernement.

Les investigations scrupuleuses qu'en vertu de la lettre du Ministre j'ai eu toute facilité de faire moi-même aux archives de la Couronne, où j'ai été parfaitement secondé par M. Hudson, directeur de cet établissement, n'ont pu m'y faire découvrir, ni les mémoires originaux de M. Guillaumot, ni le livre rouge de M. Janson, ni rien qui y ressemble, mais seulement quelques registres incomplets de dépenses générales, qui ne remontent pas plus haut qu'à l'an 1668, comme le dit la lettre du Ministre.

A la bibliothèque royale, le savant M. Vanpraet, en m'aidant aussi de tous ses moyens et de toute son obligeance, n'a pu me faire trouver autre chose que le mémoire original de M. Guillaumot, qui, pas toujours d'accord avec l'extrait du Cardinal de Beausset, m'a offert, en outre, quelques obscurités inexplicables, et quelques contradictions qui semblent avoir échappé à l'historien de Fénélon, telles que celles qui résultent : 1.º d'un passage du texte (p. 8), portant que les travaux de Versailles ne se sont élevés qu'à 171,305,388 livres 2 sols 10 deniers ; 2.º d'un autre passage (p. 16) portant que : Versailles avec ses accessoires a coûté environ 162 millions ; 3.º d'un premier résultat qu'on remarque dans ce mémoire (p. 19) portant le total des frais de Versailles, à 121,753,816 livres 15 sols 2 deniers, total qui n'arrive à 187 millions qu'en y ajoutant la machine et le château de Marly, le château de Clagny, l'aquéduc de Maintenon, l'indemnité des terres, etc., mais non la chapelle, qui est entièrement oubliée, comme nous l'avons déjà dit, dans le mémoire de M. Guillaumot.

Enfin, à la bibliothèque particulière du Roi et à celle de Versailles, j'ai trouvé de même les secours de l'obligeance et de l'érudition, mais non les documens fondamentaux que je cherchais: seulement, j'ai lu dans la préface d'une description en vers du château de Versailles, par un M. de Monicart, qui l'a composée depuis 1710 jusqu'en 1714 et publiée en 1720, que les dépenses faites pour les constructions et embellissemens de ce château, montaient à plus de 300 millions, assertion qui est loin de faire autorité, quoique l'ouvrage soit revêtu de l'approbation et privilège accoutumés. D'un autre côté, M. de Boucheman, concierge du château de Versailles, m'a communiqué un état manuscrit qui porte les frais de construction de ce château à cent cinquante millions.

C'est pour ne rien négliger de ce qui peut tendre à compléter mes recherches, que j'ai puisé dans l'Encyclopédie, l'article suivant, auquel le lecteur n'est pas obligé d'ajouter plus de foi qu'à l'ouvrage même dont il est extrait : « On ne peut que regretter les huit millions de rentes qui formèrent, en trois reprises, un emprunt de cent soixante millions, perdus à la construction de Versailles ».

Il est à noter qu'on ne trouve rien de positif sur ces dépenses dans les amples mémoires du frondeur et caustique S. Simon, qui les censure, d'ailleurs, avec sa franchise ordinaire, en critiquant surtout le choix qu'a fait Louis XIV, de l'emplacement ingrat et dispendieux de Versailles.

Ces diverses évaluations, si discordantes entre elles, s'accordent du moins toutes en ce point, que les frais sacrifiés par Louis XIV à la construction et aux embellissemens de son château de Versailles, ont été horriblement exagérés, soit par l'ignorance, soit par la mauvaise foi, et que les nombreuses assertions qui les portent à un milliard et au delà, sont des erreurs traditionnelles ou des calomnies historiques.

Si l'on était réduit à la ressource incertaine des moyens termes, entre les divers résultats ci-dessus qui présentent quelque authenticité, on trouverait un total de moins de 200 millions, valeur du temps; mais parmi ces résultats, il en est un, le plus modéré de tous, qui en est aussi le plus probable comme le mieux établi. Il porte même un caractère de vraisemblance bien voisin de la vérité; c'est celui de M. Janson, que nous avons vu s'accorder avec celui de M. Guillaumot, à la différence près du marc d'argent, qu'il a plu à ce dernier de faire entrer dans ses calculs, en se perdant dans des erreurs et des contradictions assez nombreuses.

Ainsi, 89,929,068 livres, compris les frais de la machine de Marly, des travaux non continués de la rivière d'Eure et du château de Clagny, formeraient le total des dépenses au moyen desquelles Louis XIV aurait opéré tant de prodiges; dépenses qui n'embrassent point celles de la salle d'opéra, construite sous Louis XV, non plus que du rocher d'Apollon, construit sous Louis XVI. Qu'on établisse maintenant la différence qui existe entre les valeurs d'alors et celles d'aujourd'hui, les prix des matières, des journées, etc., et je pense que le total, distribué sur près de 40 années, ne s'élèvera pas au-dessus de 400 millions de notre époque, c'est-à-dire à moins de la moitié d'une année du revenu actuel de la France.

Sans doute ces dépenses ont encore été trop fortes pour un temps où celles de la guerre épuisaient à elles seules les trésors de l'État; mais les premières, du moins, portaient avec elles leur indemnité. « Ceux qui attribuent, « dit Voltaire, l'affaiblissement des sources « de l'abondance aux profusions de Louis « XIV dans ses bâtimens, dans les arts et « dans les plaisirs, ne savent pas que les « dépenses qui encouragent l'industrie en-« richissent l'Etat. C'est la guerre qui ap-« pauvrit nécessairement le trésor public, à « moins que les dépouilles des vaincus ne le « remplissent. »

Nous ajouterons, pour notre compte, qu'un Roi qui faisait tant de miracles pouvait bien céder à la vanité de les exécuter tous en même temps, de rétablir à la fois nos places fortes et nos ports de mer, de fortifier nos frontières et de les reculer, de créer de la même main une marine, des armées, des palais, des villes, des généraux et des artistes ; enfin d'agrandir, avec ses domaines, ceux des lettres et des arts. Tant de prodiges pouvaient-ils s'opérer sans qu'il en coûtât ?

Oublions ces royales somptuosités, dont nous avons subi plus tard et dont Louis XIV ressentait déjà, sur la fin de son règne, les funestes effets. Elles ont commencé le déficit qui a commencé lui-même la révolution, et qu'elle a été si loin de combler. Oublions des trésors enfouis sous des monceaux de gloire et de magnificence, lorsque nous en avons vu enfouir tant de nos jours, sous des monceaux de ruines. Mais n'oublions pas de même que Louis XIV a porté au plus haut point la splendeur de la France, et que les travaux dont elle s'est embellie, sous son règne, l'ont aussi enrichie, en la couvrant de monumens qui en ont fait le rendez-vous et l'admiration de tous les peuples de l'univers.

P. S. — Au moment où nous allions mettre cet ouvrage sous presse, il vient d'en paraître un qui, ayant pour objet spécial les dépenses dont il est ici question, a été intitulé par son auteur (M. Peignot) : *Documens authentiques et détails curieux sur les dépenses de Louis XIV, en bâtimens et châteaux royaux, particulièrement Versailles, etc.* Nous avons fait aussitôt suspendre l'impression pour nous procurer ces détails authentiques, espérant y trouver ce que nous avions inutilement cherché ailleurs, afin d'en faire usage dans l'article qu'on vient de lire. Quelle a été notre surprise lorsque nous avons vu que cette prétendue authenticité n'a d'autre garantie que le mémoire de M. Guillaumot, et l'extrait qu'en a donné M. le Cardinal de Beausset, en l'adoptant de confiance, sans examen comme sans critique. C'est cet extrait que cite et copie tout du long M. Peignot. D'après cela, n'ayant rien appris, pour ce qui nous concerne, dans cet ouvrage, quelque intéressant qu'il soit d'ailleurs, nous n'avons rien à changer au nôtre.

FIN.

NOTA.

Nous croyons n'avoir rien omis de ce qui mérite d'être connu sur la ville de Versailles. Ce n'est point par oubli que nous avons passé sous silence la prétendue étymologie de son nom, laquelle dériverait, suivant certains auteurs, de ce que les blés étaient sujets à verser dans ce territoire, mais c'est parce que cette opinion vulgaire nous paraît dénuée de tout fondement ; les blés ne versent pas plus à Versailles qu'ailleurs, et les terres, les unes sablonneuses, les autres marécageuses, y ont été de tout temps plus consacrées aux bois, prairies et pâturages, qu'aux moissons.

Ce n'est pas non plus par oubli que nous avons négligé de mentionner des lieux ou objets, les uns trop éloignés, les autres trop peu importans pour devoir trouver ici leur place, tels que :

Les bains des Pages, double bassin, qui, placé entre le parc et l'avenue de Trianon, et destiné à l'usage indiqué par sa dénomination, n'offre rien à la curiosité ;

La Faisanderie, vaste enclos où vivent et se multiplient de nombreuses familles de faisans ;

Et la maison de Saint-Cyr, qui, située une demi-lieue plus loin, sur la même et triple route de Brest, de Nantes et de Bordeaux, se trouve décrite dans notre Itinéraire de la France (vol. de Paris à Bordeaux, p. 118).

Nous croyons pouvoir aussi nous flatter de n'avoir commis aucune erreur de fait, d'après les recherches scrupuleuses auxquelles nous nous sommes livré, et la facilité que nous avons eue de voir et revoir par nous-même, vérifier et revérifier sans cesse tous les objets que nous avions à décrire. S'il nous en était cependant échappé quelqu'une, malgré tant de soin, ce serait une nouvelle preuve de cette vérité, qu'il est interdit aux hommes d'atteindre à aucun genre de perfection.

TABLE DES CHAPITRES
CONTENUS DANS CE VOLUME.

APERÇU PRÉLIMINAIRE

Des diverses Routes de Paris à Versailles, et du plan de l'Ouvrage.　　page v

VILLE DE VERSAILLES.　　1

Avenue de Paris.	Ib.
Avenue de Sceaux.	13
Avenue de Saint-Cloud.	14
Montreuil.	18
Boulevards.	19
Quartier Notre-Dame.	23
Quartier Saint-Louis.	30
Pièce des Suisses.	Ib.
Arcades de Buc.	52
Manufacture de Jouy.	55

CHATEAU DE VERSAILLES.　　75

Place d'Armes et façade du château de Louis XIII.	Ib.
Grandes et petites Ecuries.	86
Chapelle du Roi.	90
Salle de l'Opéra.	103

GRANDS APPARTEMENS. — Salon d'Hercule. 109

Salle de l'Abondance.	page 114
Salle de Vénus.	115
Salle de Diane.	121
Salle de Mars.	122
Salle de Mercure.	124
Salle d'Apollon.	126
Salle de la Guerre.	127
Galerie de Lebrun.	129
Salle de la Paix.	139
Chambre à coucher de la Reine.	143
Salon de la Reine.	144
Salon du grand Couvert.	145
Salle des Gardes de la Reine.	147
Escalier de marbre.	148
Œil de Bœuf.	149
Chambre à coucher de Louis XIV.	150
Chambre à coucher et appartement de Louis XVI.	152
Cabinet de toilette et Boudoir de la Reine.	153
Rez-de-chaussée.	Ib.
Aîle méridionale.	154
Contrat d'acquisition de Versailles, par Louis XIII.	158
JARDINS ET PARC DE VERSAILLES.	162
Façade du château du côté du Parterre.	Ib.
Terrasse du château.	169
Parterre d'eau.	170

Parterre du midi.	pa. 175
Orangerie.	178
Parterre du nord.	183
Allée d'eau.	188
Bassin du Dragon.	189
Bassin de Neptune.	193
Parterre de Latone.	196
Allée royale ou du Tapis Vert.	205
Bassin d'Apollon.	206
Bassins de l'Hiver et de l'Automne.	211
Bosquet ou Jardin du Roi.	212
Bassin du Miroir.	214
Bosquet de la Reine.	215
Bosquet de la Salle de Bal.	Ib.
Quinconce du Midi.	216
Bosquet de la Colonnade.	217
Salle des Marronniers.	218
Bassins du Printemps et de l'Été.	220
Bosquet des Dômes.	221
Bassin d'Encelade.	223
Quinconce du nord.	224
Bosquet des Bains d'Apollon.	226
Rond Vert.	229
Bassin des Enfans.	232
Salle de l'Étoile.	233
Bassin de l'Obelisque.	Ib.
GRAND ET PETIT TRIANON.	237
Façade du Grand Trianon.	Ib.

Intérieur du Grand Trianon.	page 239
Pavillon du Petit Trianon.	243
Jardin anglais du Petit Trianon.	244
Jardin français du Petit Trianon.	245
Jardin du Grand Trianon.	246
Frais de construction du château de Versailles.	254

FIN DE LA TABLE.

www.ingramcontent.com/pod-product-compliance
Lightning Source LLC
Chambersburg PA
CBHW070747170426
43200CB00007B/686